Guía de supervivencia de personas altamente empáticas y relaciones narcisistas

2 libros en 1

Protégete de narcisistas, relaciones tóxicas y abuso emocional + Plan de recuperación + Reto de 30 días

Empático, La guía de supervivencia para las personas altamente sensibles

Protéjase a sí mismo de los narcisistas y de relaciones tóxicas. Descubra cómo dejar de absorber el dolor de otras personas

Tabla de Contenidos

Introducción 7

Capítulo Uno - ¿Es una persona empática? 11
    ¿Qué es un empático? 11
    10 señales de Empatía 12
    Empático, introvertido y sensible: ¿Cuál es la diferencia? 15
    8 conceptos erróneos sobre los empáticos 17

Capítulo Dos - Entendiendo el don de la empatía 21
    La ciencia detrás de la empatía y la empatía 22

Capítulo Tres - La realidad de la empatía 36
    5 malos hábitos que los empáticos deben dejar ir 38
    Los 5 Problemas Comunes de Salud de los Empáticos 40

Capítulo Cuatro - La empatía lesionada 44
    ¿Qué es la fatiga por compasión? 46
    Señales de empatía lesionada 49
    Ten cuidado: El Complejo de la Víctima 51
    La verdad sobre la empatía y la adicción 53

Capítulo Cinco - Los Peligros de Ser Empático 56
    Por qué los narcisistas se sienten atraídos por los empáticos 59
    Por qué se atraen la empatía hacia los narcisistas 60
    Señales de Empatía con un Vampiro Emocional 62

Capítulo Seis - Sanando el Corazón de Empatía 67

5 actividades de sanación para que los empáticos se relajen 68

Técnicas poderosas para la curación y la autoprotección 73

Afirmaciones positivas que todos los empáticos deben saber 75

Capítulo Siete - La empatía sana y feliz 77

Las 5 poderosas lecciones que todo empático debe aprender 77

Prácticas diarias de una empatía sana 79

Deja de sentir empatía por el dolor y comienza a sentir empatía con alegría 82

Capítulo Ocho - La empatía como superpotencia 86

Los 7 dones naturales que poseen todos los empáticos 86

Los mejores trabajos para empáticos 88

Conclusión 95

Introducción

Hay un tipo único de individuos que están dotados con la habilidad de no sólo experimentar sus emociones y las de las personas que los rodean; también pueden experimentar el dolor físico de otras personas. Estas personas entran en una habitación, y en cuestión de minutos pueden captar con precisión las vibraciones de las personas que se encuentran en la habitación. Esto puede sonar como una superpotencia genial que pertenece al conjunto de X-Men, pero en realidad, es algo que puede ser muy difícil de manejar y no muchas personas están emocional y mentalmente preparadas para manejar estos dones. Puedes identificar a estas personas como personas que son demasiado sensibles. Los expertos en psicología los perfilan como empáticos y su historia no siempre es una de esas de los que se quedan felices para siempre.

Durante mucho tiempo, las emociones han sido desaprobadas como una debilidad y mostrarlas fue descrito como un rasgo femenino en el mejor de los casos. En el peor de los casos, las personas que mostraron sus emociones demasiadas veces fueron consideradas como personas que no tienen control sobre cómo se sienten. Términos despectivos como "impredecible", "cáscaras de huevo andantes", "bebé llorón" y tantos otros nombres que no se pueden imprimir se utilizan para etiquetar a las personas que se atreven a mostrar sus emociones. La percepción negativa general sobre las emociones se ha entretejido en la base misma de la sociedad que es la familia. Hay muchas familias hoy en día que hacen cumplir medidas estrictas para disuadir cualquier manifestación de emociones en el hogar. Esta necesidad de cerrar un aspecto crucial de uno mismo ha llevado a muchos a sufrir silenciosamente durante una parte mejor de sus vidas. Para un empático, viven con el doble trauma de lidiar con sus propias emociones, así como con el dolor de los demás. Esto los deja constantemente abrumados emocionalmente. Si escogiste este libro, lo más probable es que seas empático o que conozcas a un empático que lucha con su carga emocional.

Pero ¿qué tal si te dijera que esas mismas emociones que sientes te incapacitan y tu habilidad para prosperar puede ser canalizada para hacerte una mejor versión de ti mismo y al hacerlo, puedes enriquecer tu vida? Suena demasiado bueno para ser verdad, ¿verdad? Bueno, aquí hay una verdad que muchos de nosotros escuchamos pero que no creemos porque han sido arrojados en la misma categoría que los clichés de la vida ineficaces que la gente nos cuenta. Tus emociones son cualquier cosa menos débil. De hecho, son descritas como una de las fuerzas más poderosas que poseen los seres humanos y, puedo decirles que apagar sus emociones no les va a hacer ningún bien. La única manera de avanzar es abrazar esos sentimientos eligiendo aceptar tus habilidades como una empatía.

Ser empático va más allá de entender tus emociones. Como empático, abrazas las emociones de los demás. La riqueza de comprensión que adquieres en este proceso te regala una perspectiva única del mundo y de las personas con las que te encuentras diariamente. Esto ayuda mucho a fomentar relaciones que son más significativas e impactantes. Lo más importante es que, como empático, desarrollas una conexión más profunda contigo mismo lo cual te da poder para entender el dolor. Esta no es una moda de psicología de la nueva era que esté de moda en este momento. Este eres tú recuperando el poder de la gente que ha etiquetado la forma en que realmente te sientes tan débil y evolucionando hacia el "verdadero tú" que estás destinado a ser.

Con este libro, finalmente puedes quitarte la máscara que la sociedad te ha obligado a llevar y afrontar tu realidad. Como empático que tuvo que navegar el proceso de mi "devenir" sin un guía, sé lo difícil que es encontrarle sentido a lo que sientes. Pasé muchas horas buscando en Internet información sobre estos arcos iris de emociones que experimento todos los días. He estado cerca de varias averías, no porque haya tenido muchas malas experiencias o porque estuviera asumiendo una carga de trabajo mayor de la que normalmente tendría. Estaba constantemente abrumada por lo que sentía. La gente venía a mí con sus problemas porque yo tenía la habilidad de ser un gran oyente y podía conectarme con ellos de maneras que les reconfortaban. Sin embargo, también terminé teniendo que lidiar con las consecuencias emocionales de sus problemas. Busqué asesoramiento y por un tiempo, eso me ayudó. Pero, aun así, busqué la validación de las personas con las que trato día a día. No quería desmoronarme emocionalmente frente a ellos para poder seguir siendo su consejero.

Esto significaba que tenía que actuar como si tuviera mi vida en orden el 100% del tiempo, incluso si en realidad, sentía que apenas podía evitar que las costuras se rompieran. En términos muy sucintos, yo era un desastre. Por esta razón, te comparto mi historia para que puedas aprender a lidiar y a aprovechar el ser una persona empática. Podrás:

- Dar sentido a las emociones que estaba sintiendo
- Encontrar la fuerza para abrazar estas partes aparentemente caóticas de mí mismo
- Aprender a manejar mejor mis emociones
- Desbloquear mi naturaleza intuitiva natural y prestar más atención a mis instintos
- Ser mejor en el manejo de mis relaciones con la gente

Tal vez estés leyendo mi historia y sientas que te estás mirando en el espejo de tu propia vida. Te aseguro que, si yo puedo encontrar el camino de regreso, tú también puedes. Sin embargo, hay una advertencia. Vivir como una persona empática requiere que seas deliberado sobre tus decisiones. Cualquier cosa menos podría enviarte en una espiral descendente a un lugar oscuro del que no mucha gente se recupera. Antes de pasar al siguiente capítulo, quiero que te tomes un momento y decidas aquí mismo, ahora mismo, que vas a ser más deliberado sobre las decisiones que tomes en el futuro.

Dicho esto, la información que recibirás en este libro son pasos prácticos que puedes tomar diariamente para ayudarte a manejar mejor tus emociones mientras navegas por las turbias aguas emocionales de otras personas. Al final de este libro, serás capaz de pararse en una azotea y declarar con orgullo que sabe quién eres. Ese conocimiento es poderoso y muy edificante. Así que, para comenzar el siguiente capítulo de tu vida, pasa a la siguiente página. Las cosas se van a poner emocionantes.

Guía de supervivencia de personas altamente empáticas

Capítulo Uno - ¿Es una persona empática?

Yo era un adolescente cuando tuve mi primer encuentro con la palabra "empático". Era de una serie de televisión que era popular en ese momento. En esta serie, el empático fue retratado como alguien dotado de poderes divinos y la habilidad de sentir todo lo que la gente a su alrededor sentía. Este empático podía sentir el olor, alegría, enojo e incluso miedos de las personas que lo rodeaban. En este mundo ficticio, los poderes de la empatía eran transferibles, pero si alguien que no fuera un verdadero empático intentaba tomar estos poderes, se veía aplastado por el peso de las emociones. Esta interpretación de una empatía es ciertamente fascinante, pero también muy extrema.

Los amantes de la ciencia ficción comparten una visión similar con los creadores de esta serie de fantasía. Culturalmente, se cree que los empáticos son humanos que poseen esta habilidad paranormal para sentir con precisión el estado emocional de los demás. Un empático popular en la tendencia actual de la ciencia ficción sería Mantis de la película *Guardianes de la galaxia*. Una vez más, todo esto es muy guay, pero la realidad nos cuenta una historia diferente.

¿Qué es un empático?

Un empático es simplemente una persona con una mayor conciencia de las emociones que le rodean. Más allá de esta conciencia, los empáticos tienden a mostrar mucha empatía hacia otras personas, tanto que pueden experimentar las emociones de los demás como si fueran las suyas Los empáticos no sólo observan a las personas; tienen la habilidad innata de experimentarlas desde adentro. El término "habilidad" se utiliza aquí de forma imprecisa. No connota la existencia de rasgos sobrenaturales, sino que se dirige a un rasgo de personalidad que los define de manera única.

En psicología, los empáticos se describen como personas que tienen una gran cantidad de empatía por los demás. Dado todo lo que he explicado hasta ahora, puede parecer un poco decepcionante ver la definición con tanta sencillez. Los empáticos son poderosamente únicos porque pueden sentir emociones que las personas a su alrededor tratan de ocultar. Sin embargo, sin la información correcta, esta "singularidad" puede causar mucha frustración. Dicho esto, ¿cómo puedes saber si eres realmente un empático y no estás simplemente proyectando lo que esperas ser?

He compilado una lista que explora las características de la mayoría de los empáticos. Si se relaciona con seis o más de las siguientes características, es probable que sea un empático.

10 señales de Empatía

1. Los espacios superpoblados hacen que te sientas abrumado.

Cuando estás en un mar de gente, tus emociones te bañan como las olas, y, para una persona que tiene tendencia a sentirlo todo, puede dejarte abrumado. La sensación es similar a la de experimentar una sobrecarga sensorial en la que todos los sentidos se disparan en diferentes direcciones.

2. Personaliza las experiencias de los demás

Cuando un amigo viene a ti con historias que tienen un fuerte contenido emocional, no sólo escuchas y tratas de medir su estado mental actual. Te ves caminando en sus zapatos y reviviendo sus experiencias como si te hubieran pasado a ti. Al final de esa conversación, no es sólo un observador, sino un participante activo en el evento. Esto te deja tan irritado emocionalmente como la persona que compartió su experiencia contigo.

3. Te etiquetan como "emocional" o "demasiado sensible".

La forma en que la gente te describe puede dar una idea de tu personalidad. Una vez más, no es a menudo exacto, pero habla de las acciones llevadas a cabo que conducen a la percepción general de ser un ser demasiado emocional o sensible. Ahora ser emocional va más allá de la capacidad de llorar de inmediato. Se deduce que te irritas fácilmente.

4. Tratar con la gente te deja exhausto.

Hay personas que atraviesan un arco iris de emociones en cuestión de minutos y este tipo de personas pueden ser agotadoras incluso para una persona normal. Para un empático, es el doble de malo. Podría hablar con la persona de maneras de diferentes maneras y aun así agotarse. ¿Por qué? Porque puedes sentir las emociones debajo de la fachada. Los empáticos tienen un fuerte radar para los verdaderos sentimientos de alguien, y rara vez son engañados por las pretensiones.

5. La mayoría de la gente se siente comprendida por ti

Este no es muy inteligente porque realmente entiendes a la gente. Tu habilidad para ver las cosas desde su perspectiva y sentir empatía con ellas te da una conexión única. De una manera extraña pero encomiable, tienes este vínculo de "tú eres ellos" que te pone en su lugar. Por esta razón, la gente tiende a sentirse atraída por ti. Pueden sentirse vistos de maneras que normalmente no se sienten vistos. Tristemente, no mucha gente entiende los empáticos, excepto otros empáticos.

6. Eres más que nada un introvertido.

Su necesidad de tratar con personas en dosis muy limitadas lo pone al margen de los eventos sociales, pero es probable que no le importe tanto. Incluso puede que le guste. Los empáticos son más propensos a ser introvertidos porque absorber las emociones de los demás puede ser agotador, por lo que tienden a necesitar mucho tiempo a solas. Los empáticos extrovertidos existen, pero son raros.

7. Puedes intuitivamente sentir emociones

Este es un gran indicador de que eres un empático. Casi nunca te dejas engañar por los encantos y la sonrisa de una persona. Si una persona comete el error de venir a ti con mentiras, puedes detectarlo en un abrir y cerrar de ojos sin tener que hacer preguntas. No hay ninguna técnica para esto cuando se trata de ti. No está buscando ese pulso elevado, pupilas dilatadas o palmas de las manos sudorosas. Un empático lo sabe.

8. Te sientes conectado a la naturaleza

Este es otro rasgo humano general. No es definitivo, pero es muy común con los empáticos. Tu conexión con la naturaleza va más allá del amor por los árboles y el canto de los pájaros. Estas cosas te dan placer, pero también te dan una sensación de rejuvenecimiento. Algunas personas se sienten repuestas después de una buena noche de descanso, otras buscan consuelo en la comida, pero para ti, la naturaleza es lo que hace que tus jugos se levanten y fluyan.

9. Nunca se puede decir que no a una persona necesitada.

Tus experiencias con el dolor, el sufrimiento o la alegría de otras personas no terminan cuando tú "sientes" lo que ellos sienten. Te obliga a actuar. No vas a dejar a esa niña llorando en la esquina simplemente porque su mamá está allí con ella. Quieres ayudarla a sentirse mejor. Dejar caer unas monedas en la taza por ese vagabundo no va a ser suficiente para ti. Vas a casa, coges un buen par de calcetines, una manta caliente y usada con cariño y se la das. Y si ese hombre deja de venir a la zona, puede que seas uno de los primeros en darte cuenta. Debido a que a los empáticos les cuesta decir que no, muchos de ellos tienen dificultades para aceptar más de lo que pueden soportar. Quieren ayudar a todos, y esto puede hacer que se sientan agotados.

10. Puedes sentir empatía con casi todo el mundo

No se trata sólo de sentir las emociones de las personas sin hogar y de los niños que lloran. Enfrentémoslo, es fácil identificarse con la gente vulnerable de nuestra sociedad, y cualquier persona amable lo haría. Los empáticos pueden sentir empatía por todo el mundo. Si dos personas se pelean, un empático puede no estar de acuerdo con las acciones del agresor, pero aun así pueden tener empatía por ellos. Son capaces de identificar los sentimientos que causaron que la persona se comportara de esa manera y pueden identificarse con esa profunda necesidad. Una verdadera señal de empatía es cuando pueden conectarse emocionalmente con alguien de quien todos los demás se han apartado.

Antes de empezar este libro, probablemente ya sospechabas que eras un empático. Ahora que has afirmado esto, ¿cómo se siente? Recuerdo lo aliviada que me sentí al descubrir finalmente el concepto de empatía. Puede ser una experiencia liberadora identificarse finalmente con algo y saber que no estás solo.

Ahora, aclaremos algo importante. Hay algunas palabras que se usan indistintamente con la palabra "empatía". Pueden haber sido usados para describir ciertos aspectos de una empatía, pero no significan de ninguna manera que una persona que posee estas cualidades sea una empatía. Es importante hacer una distinción clara para evitar confusiones en el futuro.

Empático, introvertido y sensible: ¿Cuál es la diferencia?

Comencemos con la definición estándar del diccionario de estas palabras antes de explorarlas en profundidad. Una persona que es descrita como empática, muestra la habilidad de entender y compartir los sentimientos de otra persona. Un introvertido, por otro lado, es una persona tímida y solitaria que se siente con más energía cuando pasa tiempo consigo misma. Y finalmente, una persona sensible es alguien que reacciona rápidamente a las acciones o reacciones de otros. Como podemos ver, estos son tres rasgos diferentes con tres significados diferentes. Aunque es muy posible que un verdadero empático posea cada uno de estos tres rasgos, ninguno de estos rasgos por sí solo puede convertirte en un empático.

Hay personas que tienen la capacidad de sentir empatía por los demás. Se sienten mal por el dolor por el que está pasando otra persona, pero eso no les hace sentir empatía a todos. La empatía es un maravilloso rasgo humano que puede dar a luz a la bondad. Los empáticos, por otro lado, no sólo se sienten mal por el dolor de los demás, sino que lo personalizan y lo hacen suyo. Se necesita una disciplina hábil para que un empático llegue a un lugar donde su interpretación del dolor de los demás no los incapacite emocionalmente.

Algunos empáticos se vuelven introvertidos porque quieren esconderse de la angustia que les causan las interacciones frecuentes con las personas. Sin embargo, necesitan esas interacciones con las personas para hacer pleno uso de sus habilidades empáticas. Si continúan escondiéndose en la soledad, esa naturaleza empática puede ser enterrada y simplemente se convertirán en introvertidos. Ahora, los introvertidos se deleitan en estar solos. Más allá de la necesidad básica de la interacción humana (e incluso entonces, con personas muy limitadas), al introvertido no le agrada comprometerse con personas ajenas a aquellas con las que tiene un vínculo. Para los empáticos, esta soledad tiene la intención de proporcionar un breve alivio de la avalancha de emociones que los golpea durante las interacciones sociales.

Finalmente, ser sensible no se traduce inmediatamente en una hiperconciencia de las emociones de otras personas Las personas sensibles pueden ser muy conscientes de sus deseos y necesidades, o por lo menos, saben cuándo no están obteniendo lo que quieren y necesitan. Tienen una percepción fija de lo que sienten que es correcto o incorrecto y cuando las palabras, acciones o reacciones percibidas van en contra de esta información que tienen de sí mismos, reaccionan. Incluso cuando reaccionan a la información que afecta a los demás, ésta suele centrarse en su percepción de las experiencias de los demás. Muchos individuos arrogantes y narcisistas pueden ser descritos con precisión como sensibles, y son lo opuesto a una persona empática. ¿Alguna vez has visto a un narcisista entristecerse o enojarse porque no se sale con la suya? Exactamente. Muchos narcisistas pueden incluso llamarse a sí mismos empáticos como una forma de excusar sus emociones inapropiadas, pero nunca olviden que una verdadera empatía debe tener empatía por otras personas.

En resumen, estos pueden ser rasgos maravillosos para tener como persona y dependiendo de su tipo de personalidad, pueden servirle bien. Sin embargo, hay más en ser un empático que esto. En términos generales, el mal uso de ciertas palabras para identificar a un empático no son los únicos conceptos erróneos que existen.

8 conceptos erróneos sobre los empáticos

1. Los empáticos son débiles

Esta es sólo una de las muchas etiquetas despectivas usadas por personas que no entienden la compasión de un empático. Esta gente desprecia cualquier muestra de emoción que no sea la ira. En realidad, los empáticos pueden ser algunas de las personas más fuertes que hayas conocido. Puede ser agotador sentir tantas emociones tan fácilmente, y se necesita verdadera fuerza para levantarse de nuevo después de sentirse tan abrumado.

2. Los empáticos no pueden ser líderes

Una organización en la que no existe ninguna forma de empatía en la gestión daría lugar a un entorno tóxico en el que los trabajadores no podrían prosperar y, en última instancia, podrían abandonar sus puestos. Un líder empático no está constantemente desbordante de emociones; un líder empático puede simplemente ver a sus empleados como seres humanos, y no sólo como engranajes de sus máquinas. Los líderes que pueden empatizar con sus empleados serán más apreciados por ellos. Cuando los trabajadores de una organización se respetan mutuamente, se convierten instantáneamente en un equipo fantástico.

3. Los empáticos no pueden ser racionales

Creo que este es el mayor error de todos ellos. Un empático es alguien que ve más allá de los hechos cuando realiza sus análisis. Su capacidad para combinar los hechos con intuición les da una imagen más completa de la situación en cuestión. Un empático no está empantanado por las emociones en su toma de decisiones, simplemente tiene más información sobre la que actuar. Los empáticos pueden tardar más en tomar una decisión, ya que tienen más que considerar, pero la empatía no impide el sentido de racionalidad de alguien.

4. Los empáticos son psíquicos

Este es uno de esos mitos que desearía que no tuviéramos que disipar. Dada la precisión con la que un empático puede descifrar las emociones verdaderas y atrapar a un mentiroso, tienes que preguntarte si hay algún ángulo sobrenatural en ello. No hay nada sobrenatural en ello. Los empáticos son muy hábiles en la lectura de micro expresiones, tonos y lenguaje corporal. No captan estas emociones de la nada, las señales están ahí todo el tiempo; es sólo que la mayoría de la gente no puede leerlas.

5. Todos los empáticos son introvertidos.

El hecho es que la mayoría de los empáticos muestran algunas tendencias introvertidas, pero no siempre son introvertidos. Hay un montón de empáticos que son extrovertidos, y muchos de ellos son mejores escondiéndolo cuando se sienten emocionalmente abrumados. Todavía necesitan tiempo para recargarse y reiniciar después de los escenarios sociales, pero se sienten más obligados a volver a salir una vez que han tenido el descanso que necesitan.

6. Los empáticos son personajes de ficción formados por cómics.

Quiero lanzarme a una letanía de palabras para refutar esto, pero el hecho de que tú y yo existamos es suficiente para demostrar que no es cierto. Los psicólogos han reconocido públicamente que los empáticos existen e incluso pueden identificar lo que nos hace ser como somos. ¿Necesitamos más pruebas que eso?

7. Los empáticos siempre están llorando y son demasiado emocionales.

La mayoría de la gente espera que un empático tenga un colapso emocional cada hora más o menos. Nuestras habilidades como empáticos nos permiten acceder a una puerta a la que no mucha gente puede llegar y, a veces, lo que encontramos al otro lado puede ser muy desconcertante y en algunos casos abrumador. Pero, esa imagen del empático que está constantemente en posición fetal llorando a mares es completamente inexacta. Mientras que los empáticos *pueden* llegar a ser muy emocionales, sólo un pequeño porcentaje de ellos se encuentran en ese estado permanentemente. Después de un tiempo, los empáticos aprenden a usar su don. Tienden a ser conscientes de cuándo necesitan retirarse para evitar que lleguen a ese estado.

8. Los empáticos son víctimas de traumas

Muchas víctimas de traumas pueden volverse empáticas, pero no por el trauma. A veces los empáticos pueden vivir vidas perfectamente afortunadas y estables, sin mucha exposición al trauma en absoluto, y seguirán teniendo una fuerte empatía con aquellos que son diferentes a ellos. Esto es lo que hace a los empáticos tan increíbles. La mayoría de la gente necesita experimentar algo para aprender de ello, pero los empáticos pueden absorberlo instantáneamente.

Guía de supervivencia de personas altamente empáticas

Capítulo Dos - Entendiendo el don de la empatía

Dado todo lo que has sentido en tu vida, es posible que te sientas renuente a considerar las cualidades o habilidades empáticas como un regalo. ¿Y quién puede culparte? Tu viaje emocional hasta este punto ha sido como una montaña rusa. La mayoría de las personas tienen dificultad para procesar las emociones que encuentran. Un empático puede pasar por todo un menú de emociones antes de que acabe la mañana y eso no es todo. Experimentas estas emociones a un nivel de intensidad que normalmente erosionaría lo que me gusta llamar tus puntos nerviosos emocionales (son como los números de la escala excepto que, en este caso, no están evaluando tu peso sino tus límites). Muchas personas se quebrarían si experimentaran una fracción de lo que tú sientes. En este punto, tú y tus emociones son como una montaña con un volcán activo. Tu exterior esconde la confusión que se vive en el interior.

Probablemente estés pensando: "Este escritor a tiempo parcial y empático a tiempo completo está haciendo un mal trabajo vendiendo la idea de ver tus habilidades empáticas como un regalo. "Bueno, eso es porque todo lo que he esbozado puede ser considerado una debilidad, si se mira a través del lente equivocado. ¿Pero quieres saber un secreto? Puedes fácilmente hacer de esta debilidad tu superpoder. Sólo necesitas saber cómo.

La capacidad de procesar una variedad de emociones más rápido que la persona promedio requiere mucha fuerza. La forma en que experimentas emociones e interacciones con tanta profundidad es un nuevo tipo de inteligencia. ¿Y ser el equivalente humano de un volcán? ¡Vamos! ¿Qué tan increíble es eso?

Mucha gente considera el don de empatía como una superpotencia, pero en realidad puede ser explicado con la ciencia. Profundicemos más, ¿sí?

La ciencia detrás de la empatía y la empatía

Las explicaciones que he dado para la empatía, hasta ahora, han venido desde un punto de vista psicológico y experiencial. Pero ¿qué tiene que decir la ciencia al respecto? Se han hecho una cantidad sorprendente de investigación sobre el tema, y hay más de un puñado de teorías que explican la experiencia de la empatía. Algunas de estas teorías son una tontería y no se sostendrían en ningún tribunal científico, pero encontré algunas bastante interesantes.

Examiné tantas teorías científicas como me fue posible en el curso de mi investigación. Las clasifiqué en diferentes carpetas: las totalmente locas, las de ciencia ficción y las que realmente me dieron una pausa. Compartiré las mejores teorías que tenían más sentido para mí. ¿Y qué tal uno de los tontos para terminar riendo?

Teoría #1:

Los chicos que pasan sus carreras estudiando el cerebro tenían que conseguir un lugar en esta lista y no decepcionaron. Según ellos, los empáticos se comportan como lo hacen debido al efecto espejo. El efecto espejo esencialmente nos dice que cuando vemos a alguien hacer algo, la parte de nuestro cerebro que es responsable de ejecutar esas mismas acciones se dispara. Sin darnos cuenta, esa acción se ejecuta neurológicamente. Y aunque en realidad, esa acción nunca fue llevada a cabo por nosotros, nuestro cerebro nos transmite la información como si realmente hubiéramos realizado esas acciones. Posteriormente, experimentamos las consecuencias de esas acciones de primera mano como si nos hubieran ocurrido a nosotros.

Digamos que tu amiga te cuenta sobre su horrible ruptura y cómo tuvo que guardar todas las cosas de su expareja en una maleta. Una persona empática se pone inmediatamente en esa posición. Es casi como si tú mismo estuvieras allí, guardando las pertenencias de la persona a la que estás a punto de despedirte para siempre. No estuviste allí, pero te parece real. Sientes la tristeza en su totalidad. La parte de tu cerebro que estaría activa durante ese escenario está, de hecho, activa ahora. Y todo lo que necesitabas era escuchar la historia de tu amigo. Esa es la vida de un empático.

Estoy dispuesto a apostar que has experimentado esto antes. Según los neurocientíficos, cuando vemos a una persona tomar cierta acción, nuestro cerebro nos dice que hemos hecho lo mismo y experimentamos lo que ellos sienten. Desde el punto de vista neurológico, hemos caminado una milla en su lugar.

El estudio se centró en la empatía y no en los empáticos en particular. Lo que demostró es que la empatía es una elección. Sí, lo has leído bien. La transmisión de señales del cerebro puede haber sonado como una reacción involuntaria, como un reflejo parpadeante, pero en realidad, el cerebro decide en menos de un nanosegundo si se va a involucrar en el efecto espejo. La demostración de empatía se convierte en una elección. Los psicópatas se niegan rotundamente a participar en ese proceso al separarse deliberadamente emocionalmente.

Este segundo estudio afinó el propósito de su investigación. No se trataba sólo de empatía en este caso ahora. Tenía la intención de explicar por qué algunas personas son más empáticas que otras. La persona a cargo de este proyecto decidió no usar la palabra 'empatía'. En vez de eso, se usó 'altruista'. Es importante tener en cuenta que existen diferentes tipos de altruistas. Tienes al altruista de la familia. Como su nombre lo indica, estos chicos son muy empáticos con las personas que consideran que están estrechamente relacionadas con ellos. Una madre que experimenta la angustia de su hijo muestra empatía como ninguna otra, pero eso no la convierte en una empática ahora, ¿verdad? El segundo grupo de altruistas se clasifica bajo el grupo basado en la reciprocidad. Son lo que me gusta llamar, el rasguño de mi espalda y el rasguño de su espalda tipo de donante. Para ellos, un favor es un bono que tienen en alta estima con toda intención de pagarlo en adelante sin importar el costo para ellos. ¿Alguna vez has visto esas películas en las que el héroe llama a un "viejo amigo" que le debe un favor para que le ayude a completar una misión? La mayoría de las veces, este viejo amigo muere, pero no antes de decirle al héroe que ha pagado su deuda (tan triste cuando eso sucede). Bueno, de eso es de lo que estamos hablando aquí. Y luego está el tercer grupo de chicos que hacen lo que hacen simplemente porque se preocupan genuinamente por el bienestar de la persona por la que están haciendo esta buena acción. No deben tener una relación previa con la persona y, de hecho, las personas de este grupo prefieren hacer sus generosas donaciones de manera anónima. Estos héroes que no se escapan se clasifican como altruistas basados en el cuidado en el experimento y fueron el foco principal de esta investigación. Dicho esto, volvamos a la investigación.

Los participantes donde la gente que ha hecho actos desinteresados como donar un órgano a un completo extraño y otras cosas realmente geniales (que podrían tenerte considerando cuál sería tu próximo 'dar' si sabes a lo que me refiero). Fueron emparejados con personas que nunca lo han hecho y se les pidió a ambos grupos que miraran imágenes diferentes que mostraran diferentes expresiones emocionales. Sus cerebros fueron mapeados para monitorear su reacción a estas imágenes y los resultados fueron documentados. Lo que mostró fue que las amígdalas, que son la parte del cerebro responsable de procesar las emociones, entre otras cosas, parecían ser un 8 por ciento más grandes que los no altruistas regulares del grupo, lo cual es increíble. Por supuesto, también examinaron a los otros tipos en el otro extremo (los psicópatas) y lo que encontraron fue que las amígdalas de los psicópatas eran 18 por ciento más pequeñas que el promedio. Esto tenía sentido para mí. La idea de que los empáticos son esencialmente personas con un bono neurológico en la derecha lo son.

¿Quién iba a saber que el 8 por ciento podía hacer una gran diferencia, ¿verdad? Pero este fenómeno cerebral no fue lo único que los separó. Se estudiaron otros aspectos de sus vidas y se demostró que ellos (los altruistas basados en el cuidado) eran evidentemente más humildes que sus compañeros. Por eso reaccionaron ante el dolor y los temores de los completos extraños como si fueran los suyos propios. Y esto nos lleva al punto de esta investigación. La investigación fue guiada por el papel que juega el miedo en las decisiones tomadas por los altruistas. Déjame explicarte eso.

Los empáticos son más que simples dadores. La clave para los empáticos es experimentar las emociones de los demás como si fueran las suyas propias. No hay límites en la gama de emociones que sienten. Pueden sentir la rabia de los demás, el dolor e incluso sus alegrías. Este experimento se centró en el aspecto positivo de la empatía y no sólo en el elemento experiencial que es crucial para la definición completa de una empatía. Los investigadores querían averiguar si había una manera de identificar claramente a los verdaderos empáticos. Diría que lo que esto ha sido capaz de lograr es decirnos que algunas personas son visiblemente más sensibles a la angustia de otros y están más motivadas para actuar en consecuencia porque han procesado y personalizado la experiencia de la persona en angustia (de nuevo, el efecto espejo se produce aquí), pero todavía no aborda el tema en su totalidad.

Esta investigación final tomó la teoría del laboratorio en lo que yo puedo describir mejor como "aguas turbulentas". Pero tiene sentido. Especialmente porque viene de un <u>profesor de psicología</u>. La primera investigación que discutí aquí se centró en el efecto espejo. Esta investigación se centró en lo que ellos llamaron la sinestesia de toque de espejo. Según el artículo que leí, se trata de un fenómeno en el que la línea entre lo que realmente se experimenta y lo que se ve es borrosa. En otras palabras, lo que ves y lo que sientes es casi lo mismo. Ahora reflejar el dolor de otra persona es una experiencia bastante común.

Guía de supervivencia de personas altamente empáticas

Como hombre, verás que un hombre que recibe un puñetazo en su región inferior puede inspirar una reacción de un tirón de rodilla por tu parte. Incluso las chicas pueden tener la misma reacción. Sin embargo, las líneas comienzan a desdibujarse cuando no sólo reaccionas físicamente al dolor de esta persona, sino que también experimentas un dolor correspondiente en tu región inferior. Los tipos que llevaron a cabo esta investigación dicen que es tan raro que sólo alrededor del 2 por ciento de la población experimente esto.

Esto me interesó mucho porque he tenido una experiencia personal que yo diría que encaja con este fenómeno. Este fue el período en el que fui a visitar a uno de mis primos más cercanos. Pasé unos días en su casa y la esposa estaba muy embarazada en ese momento. No fue uno de esos embarazos de celebridades con la piel resplandeciente y la belleza completa. Tenía náuseas matutinas, dolor de espalda y acné en la cara y el cuerpo. Me dio tanta pena que al final de mi primer día vomité mucho. Al principio, pensamos que me había contagiado la gripe o algo así. Me pusieron en cuarentena en mi habitación, pero al final del segundo día, estaba claro que estaba reflejando sus síntomas, ya que de repente tenía acné en la cara y el pecho. Este fue un incidente aislado y nunca lo pensé mucho después de ese período. Pero leer sobre esta investigación me recordó eso. De todos modos, volvamos a la investigación.

Lo esencial fue que entregaron materiales a personas al azar para evaluar sus niveles de empatía y luego se les hizo una pequeña prueba. La prueba fue bastante sencilla. Debían sentarse y luego un dedo les daba golpecitos en un lado de la cara mientras ellos miraban a otra persona que estaba siendo golpeada en su cara también excepto que estaba en el lado opuesto. Luego se les preguntó dónde sentían el grifo. La teoría general es que las personas que tienen la sinestesia de toque de espejo dudaban en responder porque no estaban seguras de dónde sentían el grifo. Ahora bien, los resultados no eran del todo concluyentes a la hora de apoyar la existencia de los empáticos. Sin embargo, nos mostraron un aspecto de la empatía que puede explicar por qué algunas personas son muy "empáticas" con otras. La incapacidad de distinguir entre la propia experiencia personal y la de los demás es un concepto perturbador y claramente necesita ser estudiado más a fondo, pero resalta ciertos rasgos. Mi principal conclusión de los resultados de esa investigación es que hay un elemento de elección en el proceso. No hay un defecto de diseño cerebral que te haga más o menos propenso a ser empático. Y creo que los tres tipos de investigación de alguna manera apoyan esto. Una parte de ti reaccionará a ciertas situaciones de manera un poco diferente a como lo harían otras personas, pero al final del día, esto no es algo que estén haciendo sin la participación de su voluntad. En otras palabras, los empáticos no nacen empáticos. Es un proceso. Una combinación de tu educación, valores personales y, a veces, un toque de biología.

Dicho esto, prometí mirar una de las explicaciones científicas no tan convencionales detrás de la existencia de los empáticos. Leí muchos artículos sobre el tema y este en particular me llamó la atención. Según ellos, (ni siquiera voy a hacerte perder el tiempo enviándote allí con un enlace para leerlo) los empáticos son personas que sufren de un trastorno de procesamiento sensorial. Si derramas tu café mientras lees eso, serás perdonado. Pero prepárate, hay más. Ellos creen que los empáticos son personas que son incapaces de clasificar con precisión las experiencias que reciben del mundo que les rodea porque son muy sensibles a todo, desde las vistas hasta los sonidos e incluso los olores. Parafraseando, "cuando la vida se vuelve demasiado estimulante... algunas personas incluso informan de mareos, así como de un aumento de la ansiedad". Me ha costado mucho relacionarme con esto, como estoy seguro de que a ti también le costaría. Pero después de leer su descripción de los comportamientos empáticos, tenía sentido que esto tuviera sentido para ellos. Según ellos (parafraseando de nuevo), "una mayor empatía es el equivalente emocional de sentir dolor con el toque más suave en el brazo". Yo archivaría esto bajo 7234 cosas que un empático no es.

En conclusión, según la ciencia, ser empático no te convierte en un bicho raro. Puedes reaccionar a las cosas de manera diferente, pero eso es sólo una parte de lo que lo hace especial.

La diferencia entre la empatía cognitiva, emocional y compasiva

Cuando empecé este viaje hace unos años para tratar de obtener una definición clara de lo que es el ser y lo que debería significar para mí, tuve la suerte de conocer a algunas personas increíbles en el proceso. Uno de ellos era y sigue siendo hasta el día de hoy un muy buen amigo mío. Me refería a Austin en mis años universitarios justo después de haber llegado a la conclusión de que la ciencia era incapaz de disputar la existencia de los empáticos, el siguiente paso era averiguar cómo manejar todo el asunto y, con eso, me refiero a entendernos mejor. Este amigo mío dijo una de las cosas más profundas de ser un empático. Dijo que ser empático es como tener un vínculo neural con todas las personas que conoces, ves, escuchas o conoces. Por supuesto, fue una cosa muy ingeniosa de decir y muy profunda. Los empáticos están conectados a las personas por sus experiencias emocionales. Si este es el caso, ¿todos los empáticos están cortados de la misma manera? Quiero decir, ¿qué pasa con la empatía con todas estas conexiones? ¿Cómo reaccionan? ¿Experimentan las cosas de la misma manera? Estas preguntas nos hacen pensar que, si no hay nada científicamente que pueda diferenciar a un empático de otro, tiene que haber una manera de llegar a entender qué es lo que hace que los empáticos en general se muevan. Y empezamos a explorar el comportamiento de los empáticos.

Los empáticos reaccionan a las emociones, pero la forma en que reaccionan es lo que los hace únicos. En mi investigación, hay varios tipos de empatía, pero me voy a centrar en tres tipos diferentes (veremos algunos otros más adelante). Y a partir de estas diferencias, creo que somos capaces de encontrar las respuestas a por qué actuamos de la manera en que lo hacemos. Exploraré y explicaré cada tipo uno tras otro y luego lo llevaremos de vuelta a cómo todo eso se correlaciona con lo que sabemos acerca de los empáticos.

Empatía Cognitiva

Estos son empáticos cuyas habilidades empáticas están ligadas a la perspectiva. Para ellos, la experiencia empática tiene más que ver con el hecho de que son capaces de ver las cosas desde el punto de vista de la persona con la que sienten empatía. De los tres tipos de empatía que he encontrado, creo que la empatía cognitiva es la forma más desapegada de empatía (por más desapegada que pueda ser una empatía), también es la forma más pasiva de empatía. Los empáticos que caen en esta categoría serían excelentes mediadores o diplomáticos, ya que son propensos a ver el punto de vista desde ambos lados de la valla.

Las personas que no entienden los empates cognitivos piensan que son seres lógicos sin emociones que se aferran a los hechos e ignoran todo lo demás, pero es todo lo contrario. Cuando estos tipos te dicen que entienden cómo te sientes, es mejor que les creas porque realmente lo hacen. Más allá de las emociones, una empatía cognitiva hace un esfuerzo genuino para realmente "llegar" al lugar de dónde vienes, tomando deliberadamente un trabajo mental en tus zapatos. Y cuando están en esos zapatos, se sumergen en la situación para que puedan sentir todo lo que tú estás sintiendo. Creo que su respuesta a la angustia emocional de la gente es menos reactiva y más pragmática. Y no pragmático en el sentido general de la palabra. Tu enfoque práctico hacia una solución se derivaría de su clara visión de la situación en la que te encuentras.

Por ejemplo, cuando un empático cognitivo ofrece una solución para una persona sin hogar va a ir más allá de una lata de sopa. Y esto se debe a que ven el problema como un todo y no sólo las molestias momentáneas que la persona está experimentando actualmente. Una típica empatía cognitiva se pondría a sí misma en todo el viaje de una persona sin hogar. Observarían el patrón migratorio de las personas sin hogar, las condiciones climáticas de las zonas en las que es más probable que pasen la noche, la molestia de desplazarse de un lugar a otro, pero sin el lujo de tener ropa variada que combine con las estaciones del año. Por lo tanto, encontrarás que están haciendo algo como comprar o incluso diseñar un traje flexible que se puede adaptar a las diferentes condiciones climáticas sin requerir mucho mantenimiento. No muchas personas tomarían esta decisión, pero después de leer sobre ellos, tenía sentido que la solución fuera tan práctica pero que naciera de un lugar de entendimiento.

Empatía emocional

Este tipo de empatía es bastante auto explicativa, pero para asegurarnos de que todos estamos en la misma página, voy a entrar en ella de todos modos. La empatía emocional es una forma instintiva de empatía donde el empático reacciona a las emociones de otras personas. Los perfiladores psicológicos se refieren a este tipo de empatía como la forma más primitiva de empatía. Si repasamos lo que discutimos en la sección que se centró en las teorías científicas detrás de la empatía, ese efecto espejo que se destacó en uno de los estudios es muy aplicable aquí.

Una empatía emocional puede reflejar la emoción que ven u oyen en otras personas. Pero su reacción emocional no siempre proviene de un lugar de comprensión lógica. Es sólo un reflejo. Sin embargo, el hecho de que no parezca ser un proceso pensado no significa que los empáticos emocionales no tengan ni idea de sus reacciones. En realidad, el cociente emocional de los empáticos emocionales es inusualmente alto. Ellos tendrían una conversación contigo y basarían su interpretación de ciertos lenguajes corporales y vibraciones (a falta de una palabra mejor) que emites, pueden escoger lo que estás sintiendo y reflejar ya sea la misma emoción o una emoción correspondiente que lo haría sentir mejor. El alcance general es que estos tipos son muy inteligentes emocionalmente.

Un concepto erróneo muy común que la gente tiene sobre los empáticos emocionales es que son muy emocionales y que probablemente llorarán o perderán el control de sus emociones al instante. La realidad es diferente. Su inteligencia emocional les permite también sentir sus propias emociones y luego ponerle un tope antes de que se les vaya de las manos. Pueden detectar con precisión las emociones, reflejarlas y a veces incluso desviarlas antes de que la persona que las experimenta se dé cuenta de lo que está sucediendo. Tienen el don innato de poder hacer que la gente de su alrededor se sienta mejor.

Empatía compasiva

Esta es la forma más activa de empatía. Combina aspectos tanto de la empatía cognitiva como de la empatía emocional en el sentido de que el empático compasivo es capaz de ver las cosas desde el punto de vista de la otra persona y luego reaccionar basándose en el entendimiento que ahora tiene. La empatía emocional es el tipo que todos conocemos y hemos estereotipado como la típica empatía, mientras que la empatía compasiva es en la que todos estamos tratando de convertirnos. Las cualidades del empático compasivo casi los ponen en ese nivel celestial porque suenan casi demasiado buenas para ser verdad, pero eso es lo que son esencialmente.

Un empático compasivo es el tipo de persona que sabría que la lista de canciones de su mejor amiga es una señal de que todo no está bien con su novio y más que simplemente reconocer que esto es lo que está sucediendo, lo llevaría un paso más allá al organizar el tipo de evento o actividad que sacaría a dicha amiga de su depresión y la llevaría a un nuevo ritmo. Todos queremos una empatía compasiva en nuestro rincón porque hacen la vida mucho más fácil de navegar.

Ahora mirando hacia atrás entre estos tres empáticos, verás que cada uno de ellos tiene sus ventajas y desventajas (algunos más que otros), pero todos tienen un propósito. La meta final de los empáticos es convertirse en empáticos compasivos porque parecen tener un equilibrio saludable de acción y reacciones. Una cosa que observé en general es que puedes trabajar para mejorar aspectos de ti mismo si sientes que te inclinas demasiado en una categoría. Por ejemplo, si encuentras que eres demasiado pragmático en tus relaciones con la gente, es posible que quieras entrenarte para ser más inteligente emocionalmente. No me malinterpretes. No creo que ser práctico esté mal. Pero a veces, pueden desconectarse un poco de la realidad presente porque están tan enfocados en el panorama general. Un poco de inteligencia emocional ayudaría mucho a arreglar esto. En cuanto a la empatía emocional, a veces, las personas que te rodean van a necesitar más que una muestra de sentimientos para superar las situaciones. Llegar a entender por lo que realmente están pasando en lugar de confiar sólo en sus instintos puede ayudarle a ser más "útil" en tiempos de crisis.

¿Qué hace a un empático?

Al final del primer segmento de este capítulo, había una gran lección que aprendimos acerca de lo que los empáticos no son... no son creados, aunque en algunos casos, nacen de la manera que son (muy confuso, lo sé, pero llegaremos a eso en un rato). Es cierto que hay algunos marcadores biológicos que desempeñarían un papel en la forma en que procesas ciertas cosas, sin embargo, en última instancia, no lo define. Uno de los factores biológicos atribuidos a ciertos comportamientos empáticos es la amígdala. Los científicos nos dicen que los empáticos tienen sus amígdalas un poco más grandes que las de su contraparte promedio, pero también se ha hablado de que las personas con amígdalas más grandes tienen profundos problemas de ansiedad. De acuerdo con esa investigación, ciertos eventos (relacionados con el miedo y la ansiedad) pueden desencadenar un crecimiento de nuevas células en esta área del cerebro, lo que a su vez aumenta el tamaño de esta parte del cerebro, lo que conduce a una mayor ansiedad. Viendo que los empáticos no están exactamente afligidos por la ansiedad, no se puede culpar a la biología por esto.

Algunas personas intentan rastrear sus habilidades empáticas a un evento particular, trauma o memoria en sus vidas a pesar del hecho de que son incapaces de recordar un tiempo en el que nunca fueron como son ahora. Hay que admitir que las habilidades son causadas o desencadenadas por algún tipo de tragedia implicaría que las habilidades estaban latentes y que, de alguna manera, fueron despertadas. No sólo suena poco realista, sino que también suena como algo que fue arrancado de la trama de una película de ciencia ficción de bajo presupuesto.... críptica, extraña y falsa. Si no pasa nada más, ocurre lo contrario. Un evento trágico puede desencadenar el cierre de tus habilidades empáticas. En los capítulos siguientes, discutiremos esto en detalle, pero créanme, la empatía no nace de la experiencia personal. Debo señalar aquí que hay ciertas experiencias que tendrías que te harían sentir empatía con cualquiera que pase por algo similar. Sin embargo, como estoy seguro de que hemos aprendido hasta ahora, la demostración de empatía no es lo que automáticamente te convierte en un empático. Hay más que eso.

Hasta que la investigación científica demuestre lo contrario, en lugar de buscar un elemento como la chispa que desencadena la naturaleza empática en movimiento, piensa en tu existencia como el resultado de muchos factores que se unen para crear un ser asombroso. Hay un componente biológico para iniciar las cosas, un poco de experiencias para abrirte a más emociones, un poco de condicionamiento social y una dosis saludable de fuerza de voluntad.

5 otros tipos de empatía que no conocías

Cuando entramos en este segmento sobre los diferentes tipos de empatía, dije que examinaríamos otros tipos de empatía. Si no pudiste identificarte con las otras formas de empatía, existe una gran posibilidad de que encuentre su lugar aquí. Tenga en cuenta que estos tipos de empatía no son muy comunes, pero tienen rasgos identificables muy singulares y los repasaré brevemente.

Empatía Geomántica: Las emociones de un empático geomántico están en sintonía con el entorno en el que se encuentran. Sus habilidades empáticas se alimentan de las energías de cualquier lugar en el que se encuentren. Una típica empatía geomántica te diría que ciertos lugares les hacen sentir un tipo específico de emoción. Por lo general, se sienten atraídos hacia lugares que tienen una rica historia o lugares que se consideran sagrados como templos, iglesias, etc.

Empatía con las plantas: Estos tipos tienen lo que todos llamamos un pulgar verde y esto se debe a que las plantas siempre parecen prosperar mejor bajo su cuidado. Pero eso tiene más que ver con su intuición natural para las necesidades de las plantas que con su conocimiento sobre la plantación en sí. Los empáticos de las plantas tienden a prosperar en trabajos o negocios que giran alrededor de la industria de las plantas.

Empatía Animal: Al igual que los empáticos de las plantas, los empáticos de los animales están en sintonía con las necesidades de los animales. De alguna manera pueden sentir lo que los animales necesitan. El término común para ellos es "susurradores de animales". Sin embargo, a diferencia de los empáticos de las plantas que se conectan con casi todos los tipos de plantas, es probable que los empáticos de los animales estén en sintonía con un animal específico. Por lo tanto, no está fuera de lo común encontrar empatía animal cuya empatía es hacia los gatos, los perros o incluso los pájaros.

Empatía intuitiva: También llamados empáticos claircognizanos, estos tipos pueden intuitivamente captar las emociones de otras personas sin que se les hable de ellas. No son fácilmente influenciados por las expresiones emocionales de la gente porque pueden sentir la verdadera naturaleza de las emociones de la persona escondidas debajo de la fachada que presentan sin importar lo bien construida que esté.

Empatía Física/Médica: Una empatía médica puede sentir casi inmediatamente cuando el cuerpo de una persona está fuera de servicio por razones de salud. Captan la energía que sale de la gente que encuentran y pueden leer esa energía de la misma manera que un meteorólogo leería el tiempo.

Capítulo Tres - La realidad de la empatía

Después de analizar la empatía desde un punto de vista tanto mítico como científico, es el momento de ser realistas con lo que se trata. Y por real, me refiero a llegar a los detalles básicos de la vida cotidiana de un empático. Más allá de la publicidad digital que ha sido amplificada por el retrato de los medios de comunicación de los empáticos, existe la realidad y no siempre es agradable. Esta realidad es la razón por la que probablemente tomaste este libro en primer lugar. El 'regalo' de ver el mundo a través de las lentes multicolores de las emociones tiene un precio. Y cuanto antes comprenda el precio que está pagando, más fácil será detener la espiral en la proverbial madriguera del conejo. Al leer más adelante, es posible que tenga que enfrentarse a algunas verdades sorprendentes. Puede que se ponga un poco incómodo, pero te prometo que al final mejorará. En vez de ver esto como un pronóstico de perdición, piensa en ello como tu fiesta privada de salida donde puedes verte reflejado en las páginas de este libro en toda tu brillante gloria.... defectos, fortalezas y todo.

El lado oscuro de ser empático

Sabemos que los empáticos son generalmente emocionalmente intuitivos en algún nivel, incluso si los que están en sintonía con ellos puede ser diferente. Sin embargo, esta experiencia los deja emocionalmente crudos y sensibles la mayor parte del tiempo. Pero la sensibilidad emocional no es lo único con lo que tienen que lidiar. Reflexionando sobre mi vida y la información que pude reunir durante mi investigación, hice una lista de algunas de las cosas con las que casi todos los empáticos tendrían problemas.

1. Los empáticos tienden a deprimirse: Para los empáticos, es una batalla constante para clasificar a través de la miríada de emociones que sienten. Primero, tienen que trabajar duro para mantener sus emociones bajo control. Como he establecido, la mayoría de los empáticos son emocionalmente inteligentes y como resultado, no los encontrarás perdiendo el control de sus emociones, pero lo que la mayoría de la gente no se da cuenta, es lo difícil que es hacer esto. Después de poner una tapa en sus emociones, lo siguiente que tienen que hacer es determinar si las emociones con las que están luchando son las suyas propias en primer lugar. Dada su capacidad para absorber las emociones de otras personas, es comprensible que esos sentimientos puedan eventualmente mezclarse con sus propias opiniones y emociones personales. Estas frecuentes batallas internas pueden llevar a la depresión.

2. Los empáticos están típicamente agotados emocionalmente: Lidiar con las emociones a la frecuencia e intensidad de los empáticos es muy agotador. Esto lleva a una fatiga emocional

3. Los empáticos se tratan a sí mismos como ciudadanos de segunda clase: No estoy seguro de que esto esté ligado a la depresión o al hecho de que siempre están al borde del agotamiento. Pero la mayoría de los empáticos operan sus vidas personales en reserva debido a todas las otras cosas con las que tienen que lidiar. Su necesidad impulsiva de ayudar a otras personas les dificulta priorizarse a sí mismos.

4. Los empáticos luchan con la culpa: Ayudar a la gente es un instinto primario para los empáticos. Cuando se enfrentan a un rompecabezas emocional, tienen una necesidad casi compulsiva de juntar las piezas y, en una situación en la que no lo hacen, lo toman como una pérdida personal. Sienten que le han fallado a la persona o personas involucradas y que esta culpa podría comerles durante mucho tiempo. A veces, se esfuerzan por compensar este "fracaso" haciendo todo lo posible por complacer y apaciguar a la persona "agraviada".

5. La empatía son esponjas emocionales: Absorber la energía de una habitación puede sonar frío hasta que te encuentres absorbiendo más energía negativa de la que una persona debería tener que soportar. Y mientras que los empáticos tienen la habilidad de cerrar el grifo emocional tan rápido como lo abren, su naturaleza llena de culpa los hace más inclinados a lidiar con las cosas negativas que la gente pone por más tiempo que el ser humano promedio. Hacer frente a las personas negativas es una cosa, pero asumir algunos aspectos de esa negatividad, que es un juego de pelota totalmente diferente y no uno divertido en eso. Esto nos lleva a la siguiente gran cuestión.

6. Los empáticos tienden a tener relaciones tóxicas: Cada uno de los rasgos que hemos visto hasta ahora nos lleva a este punto. Debido a la naturaleza generosa de la empatía, tienden a atraer al tipo de gente que deliberadamente se aprovecha de ello. E incluso cuando un empático se encuentra en una relación en la que se está aprovechando de él, sería difícil encontrarlos saliendo de esa situación de buena gana. Algunos de los que han salido exitosamente de esas relaciones terminan culpabilizándose a sí mismos y regresando a esas situaciones tóxicas.

Estos rasgos oscuros atribuidos a los empáticos no significan esencialmente que todos los empáticos tengan que ser así. En otras palabras, no tienes que vivir en la oscuridad. Sin embargo, hay ciertos patrones de comportamiento que tienen que ser tratados para poder lidiar con la oscuridad. Ser empático puede hacer que seas propenso a ciertas cosas como la depresión de la que hablamos, pero hay hábitos que tienes que podrían llevar tu vida al punto en que todo lo que haces se caracteriza por la depresión. En este próximo segmento, vamos a examinar algunos de esos hábitos.

5 malos hábitos que los empáticos deben dejar ir

1. Decir que sí a todo: Los empáticos son placeres naturales de la gente. Esto los hace más proclives a decir que sí, incluso cuando ese

sí no les beneficia de ninguna manera. En el lugar de trabajo, esto puede dejar a los empáticos atascados en una rutina profesional, ya que se encuentran pasando más horas completando el proyecto de otras personas en lugar de concentrarse en el crecimiento de sus carreras.

2. La necesidad de arreglarlo todo: La frase, "si no está roto, no lo arregles" tiende a volar sobre la cabeza de un empático. Un pájaro con las alas rotas necesita que se le devuelva la salud, un niño con un historial triste necesita un poco de luz para dejar atrás ese pasado oscuro, pero una persona adulta con problemas profundos de control de la ira necesita tomar la decisión de ser mejor y ninguna cantidad de amor o cuidado puede llevarlos a ese lugar sin su propio consentimiento. Los empáticos necesitan saber cuándo dejar las cosas como están.

3. No hablan por sí mismos: Los empáticos no son fáciles de convencer. Al menos no en el sentido básico de la palabra. Sin embargo, les gusta dejar el suelo abierto a otras personas para que expresen sus puntos de vista y sentimientos, mientras que sus propios sentimientos quedan relegados a un segundo plano. Esto nace de la buena voluntad, ya que sienten que la otra persona que se desahoga les ayudaría a liberar lo que están sintiendo, pero se convierte en una carga si tú, como empático, con frecuencia tienes que abstenerte de decir lo que realmente sientes. Esto lleva a un montón de emociones reprimidas que sabemos que es una bomba de tiempo mental.

4. Eligiendo pasar más tiempo en su cabeza: Está bien dar un paso atrás cada dos días y tomarse unos minutos para estar consigo mismo. Pero cuando se convierte en un hábito regular, puede ser perjudicial. En realidad, tiene sentido que quieras evitar lidiar con todas esas emociones que vienen como parte del paquete cuando tienes que lidiar con la gente. Sin embargo, si deja ir la mayoría de los hábitos listados aquí, encontrará que es mucho más fácil tratar con la gente.

5. Tomando las cosas de forma demasiado personal: Cuando eres sensible y eres una esponja emocional, todo lo que sucede a tu alrededor puede empezar a sentirse como si se tratara de ti. Ciertos comentarios o acciones inofensivas pueden ser interpretadas como una venganza dirigida contra ti. Yo diría que tiene mucho que ver con la necesidad de armar rompecabezas emocionales, por lo tanto, todo parecería estar conectado a algo que luego se traduce en significado personal. Pero la verdad es que las cosas suceden simplemente porque suceden.

Los 5 Problemas Comunes de Salud de los Empáticos

En su mayor parte, debido a la naturaleza altamente emocional de una persona empática, sus luchas por la salud son más psicológicas y mentales que físicas. Por lo tanto, muchas de las cosas que se ven en este segmento tienen más que ver con las enfermedades mentales que con cualquier otra cosa. Sin embargo, el estilo de vida de los empáticos podría influir en los problemas de salud a los que se enfrentan más que su naturaleza de empáticos. Sin embargo, no podemos ignorar el papel que desempeña su naturaleza en el proceso.

1. Ansiedad: La mayoría de los empáticos luchan contra la ansiedad. El nivel de ansiedad que sufren varía de leve a severo y los empáticos emocionales tienden a tener los casos más severos de ansiedad en comparación con otros. Los empáticos físicos son otro grupo de empáticos cuyos niveles de ansiedad se disparan por las nubes, especialmente si tienen que lidiar con multitudes, pero a menudo se dirige a otro territorio de salud mental como los trastornos de pánico y llegaremos a eso en un momento. Su capacidad para superar o al menos controlar su ansiedad depende en gran medida de su autoconciencia sobre quiénes son.

2. Depresión: Dada su propensión a hacer malabarismos con las emociones al mismo tiempo, no es sorprendente que también tengan que lidiar con problemas de depresión de vez en cuando. Cuando no

se dan cuenta de las emociones de los demás, tienen que lidiar con la culpa, el aislamiento y su propio drama personal. Es casi como si no pudieran tomar un descanso. Además de ser conscientes de sí mismos, los empáticos necesitan hablar con otros empáticos o terapeutas para ayudarles a ordenar sus emociones.

3. Presión arterial alta: La presión arterial alta está estrechamente relacionada con el estilo de vida y la dieta. Sin embargo, se sabe que el estrés y la ansiedad (a los que sabemos que los empáticos son propensos) han causado picos temporales en la presión arterial. El efecto de la ansiedad sobre la presión arterial no dura mucho tiempo, pero si ocurre regularmente, estos picos de presión arterial pueden causar daño a los órganos principales del cuerpo. Los empáticos deben aprender técnicas de relajación que les ayuden a bajar su presión arterial cuando tengan un ataque de ansiedad. Además, deben tener cuidado con el tipo de hábitos que adquieren para lidiar con la ansiedad. Hábitos como fumar pueden complicar su salud.

4. Trastornos de pánico: Esto suele ocurrir cuando los niveles de estrés y ansiedad que experimenta una persona son realmente altos. Esto es causado por situaciones estresantes y para los empáticos, esto significa típicamente cuando están rodeados por un montón de gente con todas estas emociones golpeándolos desde diferentes direcciones. Los trastornos de pánico no son necesariamente potencialmente mortales, pero la experiencia es horrible. Buscar la ayuda de un profesional médico es muy útil en el tratamiento y manejo de los trastornos de pánico.

5, Agorafobia: Todas las personas tienen alguna forma de fobia, pero hay fobias que son peculiares de las personas con ciertos rasgos. La agorafobia es una forma de ansiedad que hace que una persona tenga miedo de estar en espacios llenos de gente o en lugares donde tiene la sensación de que no puede escapar. La agorafobia se trata mejor en sus primeras etapas. Cuanto más se deja desatendido, más poderoso se vuelve. No es una amenaza para la vida en el sentido físico, pero puede robarle la posibilidad de vivir una vida plena. La experiencia es mucho peor para un empático.

Como ha leído, los problemas de salud de un empático están un tanto interrelacionados. Una vez más, su estilo de vida juega un papel importante en su estado de salud. Pero tener una muy buena comprensión de tu personalidad como empático y ser muy consciente de cómo funcionan realmente las cosas para ti, te ayudaría mucho a establecer una buena base para una vida saludable. Como ha visto, la prevención es mucho mejor que el tratamiento para la mayoría de las dolencias aquí. La suposición general es que son las situaciones específicas las que desencadenan estas dolencias y aunque esto es cierto, no es el único desencadenante. Hay personas que son clasificadas como "tóxicas" especialmente para un empático. Estas personas no son necesariamente malas, pero su comportamiento, manierismos y rasgos de personalidad hacen la vida de un empático más complicada de lo que debería ser. Así que, de acuerdo con el tema de la prevención, veamos algunas personalidades que definitivamente debe evitar como empatía.

Las personalidades que los empáticos no pueden estar cerca.

Narcisistas:

Este tipo de personalidad es tan ensimismado que no podrían ver el daño que su negligencia y egoísmo está causando en sus vidas. Sus acciones pueden no ser por malicia, pero la empatía sensible no debería tener que lidiar con esto a diario. Se vuelve aún peor cuando la persona es un narcisista abusivo.

Manipuladores:

Este es otro tipo de personalidades egoístas que están dispuestas a ir más allá para hacer que la gente a su alrededor haga las cosas que quieren hacer, incluso si esas cosas no benefician a nadie más que a sí mismas. Los manipuladores jugarían con la culpa que sienten los empáticos para conseguir que cumplan sus órdenes. Esto crea un ciclo muy tóxico para el empático.

Abusadores:

Nadie debería estar cerca de los abusadores, pero esto es especialmente cierto en el caso de los empáticos. La mayoría de los abusadores combinan los rasgos de un narcisista y un manipulador además de inseguridades personales y la necesidad constante de control. Un empático es en realidad la única persona que puede conectarse lo suficientemente bien con un abusador como para ver las cosas desde su perspectiva y de una manera triste, entender de dónde vienen lo suficientemente bien como para atreverse, lo digo yo, a justificar el abuso que están sufriendo. Nadie debería tener que pasar por eso.

Capítulo Cuatro - La empatía lesionada

En el primer capítulo, compartí algunos de los mayores conceptos erróneos que la gente tiene sobre los empáticos. Una de ellas fue la idea de que los empáticos son personas rotas; que para que puedan conectarse con los sentimientos y experiencias que mucha gente tiene, deben haber caminado por el mismo camino. A estas alturas, ya sabes que este no es el caso. Un empático no necesita tener una experiencia de primera mano para entender verdaderamente lo que sientes. Sin embargo, a través de sus habilidades, pueden conseguir asientos de primera fila para su dolor y saber exactamente cómo se siente. Dicho esto, no significa que no haya empatía rota. Estar roto es parte de la experiencia humana y mientras seas humano, estás destinado a tener una fase en la que estás roto. La pérdida de algo de valor ya sea un objeto, una persona o incluso ideas que tenemos puede causar un dolor tan intenso que te sientes aplastado por el peso de este. Este es el punto en el que una persona se rompe.

No hay absolutamente nada malo en estar roto. El problema surge cuando dejas que esa experiencia caracterice todo lo que haces en el futuro. Tienes que entender que es parte de la naturaleza humana caer, pero también levantarnos. Ahora bien, el aumento no significa necesariamente que todo vuelva al estatus quo. Cuando te caes y te lastimas, te duele. Fisiológicamente, unas pocas células mueren en el área donde ocurrió la lesión. Pero a medida que el cuerpo comienza el proceso de curación, nacen unas cuantas células nuevas. A medida que la curación progresa, el dolor comienza a disminuir hasta que todo lo que queda para recordarle la lesión es la cicatriz. De la misma manera, cuando la vida nos derriba, nos lastiman y nos rompen. Pero si lo dejas, la rotura se cura cuando empieza a elevarse. Sin embargo, nos quedan las cicatrices de esas experiencias. Si los recuerdos de esas experiencias no se enfocan y las emociones que se despertaron en ese momento no se abordan, las cicatrices emocionales que se desarrollarán pueden afectar la calidad de vida, así como las oportunidades que tiene más adelante.

Una persona herida es aquella que lleva las cicatrices emocionales de su pasado a donde quiera que vaya. Para un empático herido, la experiencia es aún peor, están aliviando estas emociones a niveles de intensidad que son tan altos que el pasado parecería como si hubiera ocurrido ayer. Cada momento les trae una visita del pasado y los enjaula en el presente para que sean ajenos a las alegrías que se están produciendo y no puedan avanzar hacia el futuro que se merecen. Los empáticos heridos son curiosamente como la Mimosa Púdica también conocida como la planta "touch me not plant". En el momento en que los tocas, sus hojas se cierran. Por cierto, otro apodo para el tacto no planta es 'la planta sensible'. Su reacción al tacto es la misma manera en que un empático herido reaccionaría a la vida. Sus cicatrices emocionales son tan profundas y el efecto es tan intenso que cada vez que la vida los escoge para una nueva experiencia, ya sea buena o mala, rápidamente regresan al refugio "seguro" que han creado para sí mismos. La parte triste es que este así llamado refugio seguro es todo menos seguro. Es como una habitación con un reactor nuclear que respira en ella y que extrae su energía de la oscuridad que la rodea.

Otro hecho triste es que, al igual que la persona promedio, la mayoría de los empáticos ni siquiera se dan cuenta de lo que les está sucediendo hasta que son consumidos por su pasado (una explosión nuclear emocional) o hasta que algo interrumpe el ciclo de comportamiento que condujo a ese camino destructivo, para empezar. No ayuda que los mecanismos de afrontamiento para la mayoría de los empáticos sean comportamientos autodestructivos, para empezar. Para empezar, está ese comportamiento solitario. No hay nada malo en ser un recluso, pero llevas las cosas al extremo cuando la paranoia se instala y empiezas a esconderte incluso de tu propia sombra. La única manera de avanzar es permitir que nuestras mentes se curen y se recuperen de las lesiones emocionales sufridas. Cuando una herida física está siendo tratada, lo primero que cualquier médico haría es intentar tratar los síntomas que amenazan la vida de la herida. Para las lesiones emocionales, yo diría que el equivalente de eso está saliendo de tu caparazón. Incluso si va a quedarse dentro de su casa encerrado, lo menos que puede hacer es tomar el teléfono y llamar a alguien y luego simplemente hablar. No tiene que ser sobre lo que estás pasando. El hecho de que esté teniendo una conversación solo va a ser como salir a tomar un poco de aire fresco después en un espacio sin oxígeno.

El siguiente paso es ir a la fuente de la herida que en el caso de un empático no siempre es el incidente que piensa que desencadenó el dolor en primer lugar. Por lo general es algo llamado fatiga por compasión. Y de eso es de lo que va a tratar el resto de este capítulo.

¿Qué es la fatiga por compasión?

En términos muy simples, la fatiga por compasión ocurre cuando una persona se desensibiliza emocionalmente a las necesidades, dolores y sufrimientos de otras personas. La fatiga por compasión también se conoce como estrés traumático secundario y se ha asociado con personas que han estado constantemente expuestas a historias y experiencias de tragedias durante tanto tiempo que parecería como si sus terminaciones nerviosas se hubieran roto y dejado de funcionar. Ahora, puedes inclinarte a pensar que esto significa que la persona que experimenta la fatiga de la compasión (en este caso un empático) se movería desde su extremo de la escala y punta hacia la sección donde tienes a los psicópatas. Esto no es así. Las personas que sufren de fatiga por compasión no mueren de repente por sus emociones. Lo que sucede es que internalizan estas emociones que sienten y son incapaces o desmotivados para actuar sobre ellas.

Permítanme darles un breve resumen de mi teoría sobre el tema. Cuando te enfrentas a una situación en la que una persona que conoces de algún modo está pasando por una experiencia muy trágica, estás instintivamente inclinado a querer ayudar. Encuentras una manera de proporcionar una solución para esa persona. Incluso si no puedes evitar completamente la tragedia, quieres hacer todo lo que puedas para mejorar la situación. Cuando lo consigues, hay una sección de recompensa en tu cerebro que se activa. Te sientes muy bien con esta buena acción que has hecho. En ese momento, el sol brilla un poco más, el mundo parece tener un poco más de color y la vida, en general, es muy fantástica. Esto quizás explica que la gente haya estado tratando de convencernos de que hacer el bien hace algo con su propio tipo especial de recompensa. Todo esto está muy bien. Después de vivir esta maravillosa experiencia que esencialmente es una retroalimentación psicológica de tu buena acción, estás inclinado a repetir este proceso de nuevo. No importa si las circunstancias son iguales o diferentes, quiere ayudar a esta nueva persona. Para los empáticos, esta experiencia puede ser muy adictiva. Quieren seguir haciendo estas buenas obras y seguir reviviendo las secuelas psicológicas. Es como un subidón, excepto que no hay ningún medicamento que pueda igualar el efecto. Pero ¿cuándo ocurre cuando la buena acción que has realizado no puede marcar la diferencia?

Aquí es donde la historia toma un giro un poco más oscuro. Tomemos este mismo escenario que hemos mencionado antes, pero con un resultado no tan positivo. Se enfrenta a una situación en la que alguien que conoce en algún nivel está pasando por algún tipo de experiencia trágica. Como buen amigo, colega o cualquiera que sea su relación con esa persona, intervienes para ayudar porque eso es lo que hace. Ahora ofrece esta ayuda con la esperanza de que la tragedia pueda ser evitada o, al menos, que la circunstancia pueda ser mejorada, pero en cambio, no pasa nada. O peor aún, las cosas se vuelven aún más trágicas de lo que tú las conociste. Ahora estás obligado a ver a esta persona vivir el dolor y el trauma de su experiencia hasta que termine su vida o su relación con ellos. Como empático, obtendría alguna retroalimentación de su dolor y esto se registra en su psique. Esto no te impide tratar de ayudar a la gente, pero hay una parte de ti que lucha con lo siguiente;

1. Su incapacidad para ayudar a esta persona
2. Su experiencia de segunda mano del dolo de la otra personar
3. Su ansiedad al perder a otro amigo o relación de la misma manera

Las cosas se complican un poco más para los empáticos que trabajan en profesiones específicas donde se enfrentan constantemente a la tragedia. Para los empáticos que tienen que lidiar con esto ocasionalmente con su círculo de amigos, la progresión de la fatiga de la compasión es más lenta. Pero para las personas cuyas ocupaciones son en el sector de la salud, como enfermeras, cuidadores, psicólogos, etc., existe un alto riesgo de desarrollar fatiga por compasión en un período de tiempo más corto. Personas que trabajan como abogados y que también son susceptibles a ello. Los empáticos en estos campos a veces terminan siendo incapaces de diferenciar su vida laboral de su vida personal, el afecto emocional quema su capacidad de conectarse emocionalmente con otras personas también.

Teniendo todo esto en mente, te acercas cautelosamente a otras relaciones. Ahora, todos sabemos que, en algún momento, la vida sucede. Esta otra relación puede no tener los mismos elementos trágicos que la anterior, pero incluso la más mínima insinuación de tragedia puede hacer que tus instintos entren en acción. Obviamente, te apresuras a ayudar. Esta vez, estás tan ansioso por los resultados de sus esfuerzos como por el bienestar de la persona, que incluso si su esfuerzo es recompensado por una aversión a la tragedia, su única recompensa psicológica sería el alivio que todo funciona. La prisa no es la misma, este éxito parece poner de relieve su fracaso. Y esto te lleva a un ciclo en el que sigues intentando compensar el proverbio que se te escapó. Si su esfuerzo por ayudar falla como la primera vez, es arrojado más profundamente en ese ciclo y la ansiedad toma raíces más profundas en su psique. Cuantas más correcciones y salvedades hagas, más querrás hacer, pero esto ya no se inspira en el subidón del que hablamos al principio. Ahora se trata de equilibrar las escalas. El estrés y la ansiedad que viene con cada caso que enfrenta lo empuja más cerca de la línea donde ya no se trata de ayudar a la gente sino simplemente de pasar el día. En este punto, está teniendo estrés traumático secundario.

Señales de empatía lesionada

El punto en el que un empático experimenta fatiga por compasión es donde se enraíza la lesión emocional que discutimos anteriormente. Como dije, no está aislado de un evento o una experiencia singular, por lo que no se puede hacer un viaje mental a este lugar específico, chasquear los dedos y encontrar un cierre. Es un poco más complicado que eso. Afortunadamente, puede determinar si ha llegado a este punto, aunque no sepa lo que lo trajo hasta aquí. Si recuerdan, pinté un cuadro de un refugio seguro comparado con una habitación que alberga un reactor nuclear activo y cuán tóxico puede ser ese ambiente para ti. En esta sección, vamos a destacar todos estos factores que hacen que estar en el estado en el que se es peligroso y luego hablaremos de cómo cruzar esos obstáculos.

1. Una aguda sensación de desesperanza que resulta en desapego

Si te encuentras incapaz de convocar un sentimiento genuino de optimismo por las cosas que haces, es posible que te hayas suscrito a ese sentimiento de desesperanza. Cuando tienes una situación que requiere tu ayuda y la haces no porque estés seguro o en lo más mínimo esperando que haga una diferencia, sino porque estás obligado a hacerlo, podrías estar teniendo fatiga por compasión. En este caso, la necesidad de desempeñar su papel tiene prioridad sobre las necesidades de la persona. Todo lo relacionado con el cuidado de esta persona se convierte en una actividad de rutina para ti. La mayor pista en este sentido sería el hecho de que no se puede mirar más allá de hoy porque se siente que hay una posibilidad muy fuerte de que no haya un mañana.

2. Apatía hacia las personas que cuida

Esta es una forma de desapego, pero no necesariamente una ausencia de cuidado porque como empático en algún nivel, siempre te importa. Pero las experiencias que han tenido los han preparado hasta el punto de que se han vuelto indiferentes a toda la experiencia. Eres más natural en la forma en que te preocupas y ayudas. Como tú indiferencia no viene de un lugar de malicia o mala voluntad, siempre aparecerás. Sin embargo, tu indiferencia ha sido construida como un muro para protegerte de la tragedia que ya estás esperando, de modo que cuando suceda, no te veas tan visiblemente afectado por ella. Si te estás sintiendo así, debes saber que probablemente estás experimentando fatiga por compasión.

3. Niveles de estrés elevados

Ante la tragedia, experimentamos muchas cosas emocionalmente. Estas emociones causan estrés. Ahora existe el nivel de estrés normal de la persona promedio y luego tiene niveles de estrés anormales. La fatiga por compasión desencadena un alto nivel de estrés incluso en situaciones que tienen muy pocas similitudes con los eventos que puede llamar el punto cero de su trauma emocional. Además de todos los otros síntomas mencionados aquí, si descubre que está reaccionando de manera adversa al estrés, como falta de aliento, incapacidad para concentrarse, ansiedad severa y ataques de pánico, está teniendo fatiga por compasión.

4. Pesadillas e interrupción de las rutinas de sueño

Las pesadillas y un cambio en la rutina de sueño son típicamente un signo de una lucha interna con algún tipo de trauma emocional no resuelto. Al lidiar con el dolor de otras personas desencadena pesadillas e insomnio, es posible que esté teniendo un agotamiento emocional. Su mente es incapaz de lidiar con la situación y aún peor, es incapaz de lidiar con el hecho de que no puede lidiar con la situación.... una pesadilla clásica para los empáticos.

5. Luchando con sentimientos de Autocontrol

Los empáticos ya tienen algo con los viajes de culpabilidad. Cuando llegan al punto de fatiga por compasión, esta culpa se convierte en auto desprecio al sentir una sensación de desilusión por sus insuficiencias. Esto se debe a que los empáticos miden su sentido de autoestima con su capacidad para proporcionar ayuda y "arreglar" las cosas. Si no lo hace, la duda de sí mismo se convierte en culpa y se convierte en desprecio.

Si observas todos los síntomas enumerados, verás la progresión de la lucha interna provocada por la fatiga de la compasión. Una experiencia externa se convierte en una lucha interna que se convierte en todo sobre ellos, lo que puede ser bastante egoísta y una fuerte contradicción con su naturaleza normalmente desinteresada. La lucha interna es lo que los mantiene en esa "habitación" de la que hablamos antes. Les resulta difícil salir de este espacio mental que han creado porque se han adornado con la figura de una víctima. De alguna manera, esta cosa que era totalmente sobre ellos ahora los ha convertido en la víctima. En el siguiente capítulo, discutiremos esto en detalle.

Ten cuidado: El Complejo de la Víctima

La autocompasión es una experiencia normal para todos. Tenemos momentos en los que caemos en ese agujero de "la pena es mía", pero mientras no te aferres a ese sombrero durante más tiempo del necesario, vas a estar bien. El complejo de víctima, por otro lado, es elegir acostarse en una cama de miseria, cubriéndose con sus fracasos o con la lista de todo lo que ha ido mal y simplemente yaciendo en ella. Para un empático, tener un caso de fatiga compasiva puede crear una transición a una experiencia compleja de víctima en toda regla. La experiencia general del complejo de la víctima vería a la persona que lo experimenta aplazando toda la responsabilidad a todos y a todo menos a sí misma. Pero en el caso de los empáticos, ellos asumen toda la culpa de todo y luego de alguna manera hacen toda la experiencia sobre ellos. Sé que esto parece un poco confuso, pero déjame explicarlo de todos modos.

Un complejo de víctima empática no se trata de convertirse en la estrella del espectáculo renunciando a cualquier culpa o responsabilidad que se les haya asignado. No usan la corona de sed-isme para hacer que otras personas sientan lástima por ellos. Si acaso, odiasen ser esa persona porque hay una posibilidad muy fuerte de que traten con esa gente de manera regular. El complejo de víctima para los empáticos llega cuando internalizan sus fracasos, almacenan el dolor que han absorbido en el exterior y luego lo idolatran en el interior. La mayoría de los empáticos heridos tienen un complejo de víctima. No tienen la resiliencia necesaria para hacer frente a sus fracasos personales. Ahora déjame digerir un poco aquí. Un fracaso personal para un empático va más allá de su incapacidad para completar con éxito un proyecto. Ese tipo de fracaso es uno con el que pueden lidiar. Pero cuando son incapaces de arreglar los proyectos de su gente, ese tipo de fracaso se filtra profundamente en sus mentes y lo toman como algo personal. Pueden estar tan obsesionados con ella que trabajan el doble de duro para "redimirse" con los proyectos de otras personas.

Además del mayor riesgo de fracaso asociado a la contratación de un proyecto con más personas, existe el problema de no abordar el fracaso inicial. Como resultado, cualquier proyecto de personas que se emprenda sólo se hará eco del fracaso y cuanto más tiempo se ocupen de ello, más intensa será la situación. La intensidad de las emociones experimentadas llevaría a un agotamiento emocional que ahora hemos identificado como fatiga de compasión que nos lleva a donde estamos ahora. Un complejo de víctima suena como algo inofensivo, pero aquí está la parte que estoy bastante seguro de que no sabías. El complejo de víctima es el elemento que mantiene las ruedas girando en este ciclo autodestructivo. Son los barrotes que te mantienen encerrado en esa habitación "segura" los que te impiden vivir tu vida. Leí de un antiguo grupo religioso donde los creyentes o practicantes eran físicamente castigados cada vez que se equivocaban. Estos castigos eran tan terribles que tendrían dolor físico durante meses y meses. Las cicatrices que llevaban en sus cuerpos contaban historias de horror y trauma tan horrendas que se podría pensar que sirvieron en campos de esclavos o en algún tipo de cámara de tortura. La realidad es que todas estas lesiones fueron auto infligidas.

La necesidad de hacerse pagar por los fracasos percibidos al encerrarse en este refugio "seguro" es el equivalente emocional de las lesiones auto infligidas a esos creyentes. Tómese su libertad hoy mismo aprendiendo a priorizar su autocuidado tanto como valora el cuidado de otras personas. Lo más importante es que debes dejar de ver a las personas como proyectos que tienes que arreglar. He mencionado esto antes y después en el libro, lo discutiremos en profundidad. Pero si haces algo hoy, que sea que reconozcas tu importancia y que te trates a ti mismo como tal. Dicho esto, me gustaría que nos fijáramos en otro comportamiento autodestructivo que podría arruinar la vida de un empático

La verdad sobre la empatía y la adicción

La confusión emocional, así como la naturaleza intrínseca de la empatía, los convierten en un candidato perfecto para la adicción. Su necesidad de salir de sus propias cabezas cada dos días significa que están abiertos a probar mecanismos de afrontamiento que les ofrezcan esto. El hecho de que esta confusión emocional sea una lucha continua significa que es más probable que sigan volviendo para continuar usando este mecanismo de afrontamiento, especialmente si proporciona con éxito la solución temporal que necesitan. Cuando intentas algo por tanto tiempo, se convierte en una rutina. Con el tiempo, una rutina se convierte en un hábito y con los hábitos, especialmente los malos hábitos, te vuelves adicto. Un mecanismo de afrontamiento puede ser cualquier cosa, desde el uso de drogas hasta la comida reconfortante o ver porno. Y la cosa con estas cosas que he mencionado es que nunca lo ves como un problema hasta que es demasiado tarde.

En mi experiencia, la comida era mi vicio. Empezó inocentemente. Volvía a casa del trabajo, cansada y exhausta. Sin embargo, no importaba lo exhausta que estuviera, el sueño era algo que se me escapaba. Así que, me levantaba de la cama, me preparaba algo dulce en la cocina y luego me arrodillaba en el sofá y veía esos terribles programas de televisión. En esos momentos, estaba completamente tranquila, muy relajada y ciertamente sin pensar en el horrible día que tuve en el trabajo. Después de un tiempo, decidí mejorar mi comida en el sofá para que fuera algo más "lujoso". Pasaba por la pastelería de camino a casa y tomaba una variedad de dulces y luego repetía mi rutina frente al televisor. Unos meses más tarde, el sofá no se sentía lo suficientemente cómodo, así que conseguí una pantalla más grande y luego llevé el espectáculo a mi dormitorio. Durante la mayor parte del año, pasé las noches comiendo comida chatarra en la cama mientras veía la televisión chatarra. Como puedes imaginar, se me empezó a ver en la cintura. Mis ropas viejas dejaron de encajar conmigo y entonces empecé a sentirme más cohibido sobre cómo me veía.

Tenía amigos que eran demasiado educados para señalar los cambios físicos, pero podía ver la forma en que me miraban. Luego tuve "amigos" que no tuvieron problemas para decirme exactamente cómo se sentían. Sus palabras me hicieron sentir aún más horrible conmigo misma y cuando me sentí realmente mal, eso significó que pasé mucho más tiempo en la pastelería. Mi punto más bajo, que también resultó ser mi punto de inflexión, fue este día en particular cuando estaba comiendo este delicioso donut de camino a casa (había llegado al punto en que ya no podía esperar a llegar a casa). La dona se me resbaló de la mano y cayó al suelo. Probablemente eran alrededor de las 7 de la tarde y no había mucha gente en la calle. Lo sé porque miré a mi alrededor y luego hice lo impensable. Me agaché y recogí mi donut caído de la acera. Me lo soplé y me lo comí con la rodilla doblada en el suelo. En ese momento, vi mi reflejo en uno de los escaparates y no me gustó la persona que me estaba mirando. Para resumir, lloré mucho cuando llegué a casa y ese fue el comienzo de mi viaje hasta este punto en el que estoy escribiendo mi historia en un libro. Hoy en día, todavía tengo una adicción, pero he hecho un esfuerzo consciente para asegurar que mi adicción sea saludable. Tengo un hábito para diferentes estados de ánimo. Cuando estoy enfadado, pinto. Cuando me siento un poco triste, me subo a la cinta o me pongo los guantes de boxeo y me pongo un buen sudor. Cuando estoy ansioso, escribo.

Vas a tener que averiguar qué es lo que funciona para ti, pero debe comenzar admitiendo que este hábito aparentemente inofensivo que ha adquirido puede no ser del todo saludable para ti. La gente piensa que la droga es la única adicción dañina, he leído acerca de los empáticos que son adictos a la miseria a la que se enfrentan y que voluntariamente se auto-sabotean cualquier oportunidad que tengan de ser felices. Es triste dar testimonio, pero esta es la realidad. Cuando está experimentando esas inundaciones de emociones, ¿cuáles son las cosas que haces para enfrentarlas? ¿Esas cosas te agregan valor a medida que te hacen sentir mejor o te quitan algo valioso a cambio de hacerte sentir mejor? La adicción para los empáticos es un problema serio y necesita ser tomado en serio o de lo contrario terminaría complicando las cosas para ti. Hoy en día, la meta es sacarte de esa sensación de falsa seguridad que has creado para ti mismo. Este libro es una guía sobre cómo puedes sobrevivir en el mundo como empático. Para que eso suceda, necesitas salir de su enclave y entrar en el mundo real porque no sólo lo sobrevivirá, sino que prosperará en él.

Capítulo Cinco - Los Peligros de Ser Empático

En el capítulo anterior, exploramos algunos de los peligros de ser empático. En este capítulo vamos a ahondar en el lado oscuro de las cosas. Hasta este punto, los empáticos han sido considerados como seres en posesión de poder sobrenatural. Eso es genial y honestamente desearía que fuera así el 100% de las veces, pero hay un precio que empatiza y que va más allá de las luchas emocionales que tenemos. Debido a la intrincada naturaleza de la empatía, tienden a atraer a cierto tipo de gente. Hemos hablado de la necesidad de que el empático arregle a la gente. Siempre que se encuentran con personas con luchas emocionales y algún dolor psicológico, el primer instinto es querer ayudar, pero olvidamos que no todas las personas que vienen a nosotros quieren ser ayudadas. Algunas personas están programadas o para ser más específicos, están programadas emocionalmente para aprovechar la ayuda que deseamos ofrecer y aquí es donde comienza el problema.

El deseo de querer ayudar atrae a un tipo específico de personas y, en la mayoría de los casos, estas personas caen en la categoría de aquellas con una necesidad psicológica de aprovecharse de otras. A veces estas relaciones comienzan con buenas intenciones. Pero con el tiempo, su naturaleza depredadora rápidamente toma el control y terminan destruyendo la empatía desde dentro. Este es el peligro al que se enfrentan todos los empáticos. En el capítulo anterior, hablé de ciertos tipos de personas que los empáticos deben evitar y una de esas personas es el narcisista. El narcisista es una raza especial de individuos y sus cualidades van más allá de su amor por sí mismos. Son reconocidos por sus habilidades para manipular magistralmente a la gente para que cumpla sus órdenes y la naturaleza de la empatía los hace más propensos a las manipulaciones de un narcisista.

Guía de supervivencia de personas altamente empáticas

Identificar a un narcisista

De la literatura antigua, se nos hace creer que un narcisista es alguien que es vanidoso; una persona que está obsesionada con su aspecto físico y con la forma en que se presenta al mundo. En psicología, es mucho más profundo que eso, ya que los narcisistas toman una forma diferente. Una de sus cualidades poco atractivas es el hecho de que tienen un gran sentido de la autoimportancia, pero para alguien que no es muy observador, este atributo no es algo que se pueda percibir de inmediato. Su mentalidad de víctima proporciona una gran máscara para su verdadera personalidad, pero, lo que es más importante, tienen una forma de integrarse perfectamente con el resto de la sociedad, lo que dificulta en cierta medida su identificación. Algunos narcisistas son simplemente inofensivos en sus relaciones. Los narcisistas que caen en esta categoría son personas que son conscientes de sí mismas y que han trabajado en su lado negativo. Pero luego están los narcisistas en el otro espectro que son terribles como compañeros porque su sentido de autoimportancia es tan grande que están dispuestos a comprometer los sentimientos y emociones de otras personas sólo para satisfacer sus propias necesidades. Los narcisistas son egoístas, engreídos y santurrones, pero irónicamente, son la lista de personas conscientes de sí mismas.

Basado en la descripción que he dado, estoy seguro de que puedes entender por qué los narcisistas son personas que pueden ser muy difíciles de tratar, incluso para alguien que no es un empático. Sin embargo, si eres capaz de entenderlos, tienes un mejor sentido de cómo relacionarte con ellos, especialmente si eres un empático. Según la psicología, hay diferentes tipos de narcisistas. Tienes al grandioso narcisista. Estos tipos son básicamente personas que tienen un gran ego. Para tratar con ellos, necesitas ofrecer mucha atención en forma de elogios. Esto alimenta su ego y los hace mucho más manejables en las relaciones. Luego están los narcisistas vulnerables. Puedes identificarlos por la mentalidad de víctima que parecen llevar como una placa. Todo lo que sucede en la vida parece girar en torno a ellos. Podría estar lloviendo en algún lugar de China y causar inundaciones en algunas aldeas, pero el narcisista vulnerable que vive a unos pocos continentes de distancia encontraría la manera de conseguirlo. Tienen una tendencia muy alta a quejarse de cualquier cosa y de todo. Para manejar una relación con ellos, se les debe prestar atención en forma de apoyo emocional. Y finalmente, están los narcisistas malignos. Estos tipos son los que hay que vigilar. Los otros dos tipos de narcisistas mencionados anteriormente pueden ser emocionalmente agotadores, pero en cuanto a los daños, siempre y cuando se les pueda dar lo que quieren en términos de sus necesidades emocionales, están bien. Los narcisistas malignos, por otro lado, muestran una falta de empatía a un nivel tan alto que los psicólogos los comparan con los psicópatas.

Para identificar al narcisista maligno en tu vida necesitarías estar muy atento. Como dije antes, un narcisista tiene una forma de mezclarse con todo el mundo. Por lo tanto, no hay factores que los diferencien de los demás. De hecho, los psicólogos creen que los narcisistas suelen ser más felices que la mayoría de las personas a las que se les ha diagnosticado algún tipo de trastorno psicológico. Para mantener las cosas en perspectiva, compilé una lista que te ayudará a identificar a un narcisista específicamente, el narcisista maligno. Esta lista se basa en ciertos rasgos. Sin embargo, necesitas un psicólogo clínico para diagnosticar con precisión a un narcisista maligno, pero hasta que eso suceda, aquí hay algunas señales de alerta que deberían hacerle desconfiar de cualquier persona que muestre más de uno de estos rasgos.

1. Tienen un fuerte sentido de la autoimportancia
2. Están muy obsesionados con su idea de lo que consideran ideal (la esposa ideal, el amigo ideal, el amor ideal, la relación ideal).
3. Tienen un fuerte sentido del derecho
4. Tienen una expectativa poco realista sobre las cosas en general

5. Tienen tendencia a usar a otras personas para conseguir lo que quieren.
6. Son muy manipuladores
7. Carecen de empatía y muestran una falta de voluntad para reconocer las necesidades y emociones de otras personas.

Hay un dicho general que dice que los opuestos se atraen. Tal vez este sea el fundamento de la relación entre los narcisistas y un empático, porque, a nivel superficial, es difícil determinar por qué alguien tan sensible y generoso como un empático se enamorará de alguien tan frío y calculador como un narcisista, pero cuando se explora la dinámica de la relación, tiene sentido por qué estos dos opuestos se atraen entre sí. Sin embargo, esta relación sólo puede describirse como una receta para el desastre. Para entender mejor por qué esto continúa sucediendo, sentí que sería importante ver por qué estas dos personas se elegirían entre sí y para determinar eso, necesitamos ver qué es lo que cada personalidad podría ganar de esta relación.

Por qué los narcisistas se sienten atraídos por los empáticos

Si miras los rasgos de un narcisista, verás que para ellos cada relación en la que entran es una transacción comercial unilateral diseñada para favorecer a una sola parte. Te dejo con una sola suposición de quién es esa fiesta. Un típico narcisista maligno es muy calculador y nunca entran en nada sin un plan sobre cómo pueden tomar. Desde el principio, pueden reconocer instintivamente a las personas que les harían pasar un mal rato para lograr sus objetivos. Odian a las personas que no pueden manipular y en el lugar de trabajo, o en entornos donde se les exige que se unan a otras personas, uno encontraría al narcisista en desacuerdo con este tipo de personas. Para ver lo que le atrae a un narcisista, veamos cómo funcionan las relaciones con un narcisista.

Cuando a un narcisista le gusta alguien, se le enciende su encanto y por un breve momento, esa persona se siente como si fuera la persona más especial del mundo. En este lapso, el narcisista empuja suavemente para sentir su nivel de resistencia. Cuanto más débil es, más empujan. En esta etapa, seguirían manteniendo su fachada encantadora, y, cuando llegan a un punto en el que están absolutamente seguros de que esta persona está cautivada con ellos, su naturaleza sádica y sus verdaderas intenciones comenzarían a manifestarse. El exterior encantador que presentaban desaparece por completo o es utilizado como una forma de recompensa enferma por un comportamiento que consideran bueno. Este patrón de relación se desarrollar hasta que el narcisista se canse o hasta que los empáticos se despierten del hechizo que los cubrió. En algunos casos, suele terminar en tragedia. Dicho esto, veamos aquellas características que actúan como un imán para los narcisistas.

Un narcisista se siente atraído por alguien que;

- Es muy generoso emocional y físicamente
- Tiende a anteponer las necesidades de los demás a las suyas propias
- No se enfrenta a la gente que les importa
- No es antisocial pero tampoco muy social debido a su timidez.
- Tiene un fuerte sentido de lealtad
- Es emocionalmente sensible y algo frágil
- Se mueve fácilmente para actuar sobre las necesidades emocionales de los demás

Si te diste cuenta, todos estos son rasgos comunes de los empáticos.

Por qué se atraen la empatía hacia los narcisistas

¿Por qué a las chicas buenas les gustan los chicos malos y por qué los chicos buenos se enamoran de chicas realmente malas? Esta es la pregunta que me viene a la mente cuando pienso en empáticos saliendo con narcisistas. Pero después de estar en una relación como esta, entiendo por qué salí con esta persona. Los empáticos son arregladores de personas y nos sentimos naturalmente atraídos por las personas que creemos que lo nuevo puede arreglar. El narcisista puede encender su encanto al máximo, pero en cierto nivel, creo que un empático siempre puede sentir el daño que hay debajo. Y es este daño el que nos arrastra. Nos alimentamos de que vamos a ser esa persona especial que los arregla y los hace buenos. Cada gesto que es bueno y justo hacia nosotros sigue para cimentar o afirmar esta ilusión que hemos creado y cada lucha es interpretada como una de las cosas que tenemos que tolerar hasta que alcancemos nuestras metas. Si nos detenemos en esta ilusión el tiempo suficiente, las líneas entre la realidad y la ficción se desdibujan y esa ilusión se convierte en una realidad viviente que respira.

La atracción principal en todo esto para un empático tiene que ser la persona dañina que sentimos. Y entonces lo siguiente sería la necesidad de castigarnos a nosotros mismos cuando fracasamos en los proyectos de nuestra gente. Excepto en esta situación, la persona que recibe el castigo es la figura narcisista de nuestras vidas. Creo que la última pieza de este rompecabezas sería el hecho de que los empáticos se alimentan de emociones y el ego de un narcisista se alimenta de gente que se alimenta de sus emociones. Esto parece ser una relación simbiótica de la manera más insana, ya que una de las partes está siendo alimentada con alimentos mientras que la otra parte está recibiendo toxinas.

Como empático que lee esto, estoy seguro de que habrás reconocido un patrón similar de comportamiento que se exhibió en su relación anterior o actual. Para aquellos cuya relación previa mostró este patrón, agradece que esquivaste una bala. Si necesitas hablar con un psicólogo para que te ayude a sanar del daño de esa relación (habrá daños), no dudes en hablar con alguien. Cierra el ciclo, encuéntrate a ti mismo de nuevo y dejarlo ir. Si esta es tu relación actual, puede que sea hora de que la abandones. Esta no es una situación saludable para ti. Si aún no has sido separado de tus amigos y familiares en los que confías (este es un movimiento narcisista clásico), necesitas acercarte a alguien y pedirle una intervención. Por lo menos, tome un descanso temporal de esta persona. No esperes que esto suceda sin una reacción negativa del narcisista porque su ego estaría magullado y querrían redimirlo.

Señales de Empatía con un Vampiro Emocional

Si estás fuera de la dinámica de observación de la relación entre un empático y un narcisista, no es difícil ver de dónde viene el dolor y hacia dónde va. Los narcisistas son emocionalmente agotadores y, sin embargo, la empatía permanece en esa relación de todos modos. Siendo un observador de mis propias relaciones pasadas, puedo señalar el momento exacto en el que me di cuenta de que las cosas estaban yendo terriblemente mal. No importa lo bien que se presente un narcisista, hay señales incluso desde el principio. Sólo debes tener la mente abierta y dejar ir cualquier ilusión que puedas tener. Esta es la parte más difícil, pero hablaremos de ello en el próximo segmento. Por ahora, déjennos ver esas señales que pueden decirles inmediatamente que la relación en la que están los está destruyendo desde adentro.

1. Estás peleando una batalla en solitario

Para empezar, quieres el crecimiento de la persona más que ellos. Hay un dicho general que dice que se puede llevar al caballo al agua, pero no se le puede obligar a beber. El crecimiento individual es algo que tenemos que desear para nosotros mismos. Ahora, entiendo que como empático, podemos ver los lados de una persona que no mucha gente ve porque miramos hacia adentro y no hacia afuera. El problema es que la persona que vemos en el interior es la persona en la que tiene el potencial de llegar a ser, sin embargo, lo vemos como una realidad y nos comprometemos con esa ilusión. Si ellos no pueden ver lo que ves, no hay nada que se pueda hacer para cambiar las cosas. Reconozca esto.

2. Todo en su relación parece ser sobre ellos.

Una relación es una calle de doble sentido. Mientras sean 2 personas involucradas, es importante que las necesidades, opiniones y sentimientos de las partes involucradas sean reconocidas y atendidas en forma igualitaria. Cualquier otra cosa significaría que una parte se está beneficiando y la otra parte está sufriendo. Los empáticos tienen una tendencia a ser adictos al sufrimiento que normalmente se infligen a sí mismos. Esto es lo suficientemente difícil como para no mencionar lo insalubre que es lidiar por tu cuenta, pero si estás en una relación y esto es por lo que estás pasando, lo más probable es que tengas un vampiro emocional en tu vida que te está explotando por todo lo que tienes. Puede que sea el momento de dejar esa relación.

3. Tienen un sentido general de derecho

El hecho de que estés en una relación con alguien no significa que le deba algo. Las personas se reúnen por razones mutuamente beneficiosas, sin embargo, no debería haber ningún sentido de derecho en cuanto al cumplimiento de esas razones. Tú eres tu propia persona. Lo que hagas con tu tiempo y cómo lo hagas es exactamente asunto tuyo. Si alguien trata de forzar sus necesidades sobre ti, eso es una señal de alarma.

4. La arrogancia de la persona con la que estás tratando bordea un juego de poder

Algunas personas son generalmente arrogantes, todos tenemos nuestro orgullo y egos. Pero cuando una persona se vuelve condescendiente en su comportamiento hacia ti, se vuelve insana. Te mereces ser respetado como una persona y una relación donde no hay respeto excepto cuando estás tratando con las opiniones y pensamientos de la otra persona cambia de una unión amorosa a una situación de tipo esclavo y amo.

5. Tu vida social está siendo controlada por la otra persona

Como empáticos, tenemos nuestros períodos de aislamiento. Sin embargo, no somos introvertidos por elección. Siempre tenemos ese círculo de amigos o familiares o personas con las que nos conectamos en general. El narcisista en nuestras vidas trabajaría duro para asegurar que estemos desconectados de las personas que nos importan. Para ellos, tener una empatía aislada de su red social los haría más maleables a sus manipulaciones. También sienten que va a haber menos interrupciones de esta manera. **Cómo dejar de ser un objetivo de los vampiros emocionales y energéticos**

Según mi experiencia, la palabra más difícil de decir para un empático, que casualmente también resulta ser la palabra mágica que puede hacer que la vida sea significativamente mejor para ellos, es la palabra "no". Aparte de la capacidad de decir no a la gente. Creo que al reconocer estas señales que enumeré anteriormente, te estás poniendo en el camino correcto para evitar que te metas en relaciones tóxicas. Ahora que puede detectar una relación abusiva, aquí hay algunas cosas más que puedes hacer para protegerte.

1. Educarse sobre los conceptos de una relación ideal

Los narcisistas, proyectan su propia percepción de una relación. Desafortunadamente, a menudo se basa en sus experiencias personales con las personas. Esto puede estar mal porque la mayoría de las veces, su relación con las personas tiende a tener este componente parasitario en el que una persona se alimenta de la otra persona. Las relaciones sanas no funcionan así. Hoy, les insto a que lean sobre los materiales de las relaciones; vayan a Internet, lean libros y presten atención a las parejas saludables en su vida. Deja que las cosas que descubras te guíen a cómo debe ser una relación sana y normal.

2. No ignores tus instintos.

Uno de los maravillosos dones que tenemos como empáticos es la habilidad de leer con precisión a las personas, sin embargo, cuando nuestras emociones están involucradas, pasamos por alto la información que nuestros instintos están tratando de transmitirnos. Ignoramos nuestras entrañas y nos concentramos en las ilusiones que hemos construido alrededor de la relación y cuando esto sucede, incluso cuando vemos banderas rojas físicas que nos señalan hacia la toxicidad de la relación que todavía elegimos mantener. Una de las muchas cosas importantes que vas a aprender para cuando termines de leer este libro es que tu instinto como empático es poderoso y también es una de las fuerzas guía en tu vida. A partir de este punto, tienes que aprender a prestar atención a lo que la voz interior está diciendo.

3. Dejar de tratar a las personas como proyectos que necesitan ser corregidos

Cuando entramos en una relación, vemos a una persona como una tarea para conseguir algunos puntos mentales si logramos arreglarlos. Cuando una persona se convierte en un proyecto, no vemos el elemento humano y, a menudo, ese elemento humano es la capacidad de oscurecer emocionalmente. Tener ese tipo de mentalidad a menudo nos mete en problemas porque cuando dejas de ver a una persona como una persona real, estarías ciego a su potencial para lastimarte. Te quedas atrapado en la imagen que has creado en tu cabeza. Su debilidad es su atracción mortal hacia las personas que están dañadas y son emocionalmente inestables. Reconozca esto y haga esfuerzos para corregirlo lo antes posible.

4. Conoce a una persona antes de que decidas salir con ella

Se pueden evitar muchos errores si se toma el tiempo para conocer a la persona con la que se está comprometiendo. Pueden presentar un exterior falso inicialmente, pero con el tiempo que han creado deliberadamente para llegar a conocerse, pueden despegarse con éxito de esas capas y llegar a ver quiénes son realmente. Esta es una regla de oro para todo tipo de relaciones, pero es especialmente importante para los empáticos.

5. Enséñese a desear lo mejor

Guía de supervivencia de personas altamente empáticas

La mayoría de los empáticos sienten que es engreído querer o desear cosas buenas y esto es comprensible ya que va en contra de su naturaleza que pone a todos por delante de sí mismos. Pero si quieres evitar las relaciones tóxicas, es importante que no sólo seas capaz de reconocer las cosas buenas y a la gente buena, sino que también seas capaz de querer esas cosas buenas para ti mismo. Te mereces la felicidad. Siempre recuérdate a ti mismo que no importa cuánto des de ti mismo, no puedes hacer que alguien que es malo por naturaleza se convierta en bueno. Es como beber veneno con la esperanza de que cuando el veneno llegue a tu estómago, se convierta en una bebida refrescante. No tiene sentido.

Capítulo Seis - Sanando el Corazón de Empatía

No soy la clase de persona a la que le gusta tener autocompasión, pero creo que en este lugar donde estamos ahora mismo, sería justo reconocer la lucha emocional por la que todos pasamos como empatía. Después de descomprimir todo lo que hice en el último capítulo, siento que este es el momento adecuado para simplemente poner una pausa en todo e inhalar.... respirar en el momento. La vida es realmente hermosa. Y sólo podemos disfrutarlo si podemos salir de nuestras cabezas por un momento. Debido a que soy una empática, entiendo que vivir fuera de nuestras cabezas no es realmente un lujo que podamos permitirnos, especialmente porque tenemos que tratar con la gente y sus emociones día por medio. Pero eso está bien. Necesitamos estas emociones en otros para alimentar el don que tenemos en nuestro interior, sin embargo, a medida que pasamos por estas emociones es importante tener un equilibrio en el que no sólo dejemos ir las cosas dolorosas e hirientes que sentimos, sino que encontremos una manera de sanar nuestros corazones.

En el primer capítulo de este libro, hablé sobre algunos de los conceptos erróneos que la gente tiene sobre los empáticos. Uno de esos conceptos erróneos es la idea de que los empáticos son personas rotas. A veces el dolor que llevamos no es nuestro dolor. ¿Recuerdas el efecto espejo? Estos son sentimientos que absorbemos de otras personas y si no tratamos con esos sentimientos, podríamos terminar con una crisis en nuestras manos. ¿Cuál es el sentido de todo esto? La sanación en este sentido no significa necesariamente que estemos quebrantados. La sanación para nosotros es una manera de ordenar las emociones; una manera de relajarse y calmarse está en nosotros mismos. La curación de un empático es más que una actividad biológica provocada por el dolor. Es un camino hacia nuestro bienestar emocional equilibrado.

5 actividades de sanación para que los empáticos se relajen

Hay diferentes tipos de empatía (ya hemos visto más de un puñado de ellos) y la clave para su curación suele residir en su naturaleza intrínseca. Para el empático compasivo, su camino hacia la curación probablemente podría encontrarse en actividades que recompensan su necesidad de ayudar a la gente. Por lo tanto, algo tan simple como servir sopa en un refugio para personas sin hogar sería relajante. Para los empáticos físicos, las actividades que involucran conectarse con la gente, especialmente cuando el foco de la conexión es la sanación, serían útiles. Tales actividades pueden ser un buen masaje corporal o una sesión de Reiki. Para los empáticos con los animales, el solo hecho de pasar un día disfrutando de una actividad divertida con sus mascotas favoritas puede hacer muchas maravillas para su salud mental. Estas cosas que he mencionado son únicas de la naturaleza de la empatía

Sin embargo, hay actividades generales simples que los empáticos pueden llevar a cabo que los llevarán a ese lugar donde pueden empezar a experimentar la curación internamente Recuerda que la curación de un empático no es iniciada por una droga o el uso de una sustancia sin importar cuán suave sea. No necesitas empezar a hacer algo que podría volverse adictivo. Sin embargo, he creado una lista de 5 actividades generales que pueden ayudarte a llegar a un lugar de calma. Use esto como una guía. El objetivo es que al final del segmento, pueda relacionarse con más de una o dos actividades de esa lista. Recuerde que su bienestar emocional es muy importante. Si alguna vez vas a disfrutar de tus dones como empático, necesitas aprender a relajarte.

1. Comenzar a escribir en un diario

Llevar un diario es una actividad terapéutica que tal vez no se dé cuenta de que necesita. Es una excelente manera de sacarte de tu cabeza. Si eres observador, te habrás dado cuenta de que he usado mucho esta frase "sal de tu cabeza". Lo que quiero decir es salir de ese espacio mental donde estás constantemente procesando emociones. Sé que como empático necesitas lidiar con diferentes tipos de emociones al mismo tiempo. Si mantienes ese proceso dentro de tu cabeza, especialmente durante un largo período de tiempo, es muy probable que termines estresado. No muchos empáticos tienen amigos con los que puedan hablar o personas que entiendan por lo que están pasando. Un diario le permite escribir sus pensamientos y ordenar sus sentimientos sin tener que lidiar con la reacción de procesar esas diversas emociones. Es una experiencia relajante, ya que le da enfoque y cuando tienes enfoque, estás más en control de lo que siente y cómo le afecta.

2. Libera a tu artista interior

Esta parte puede ser un poco difícil de entender. Pero esto es lo que quiero decir. Cuando estás pasando por una de esas experiencias emocionales, puedes tomar ese dolor y convertirlo en arte participando en actividades que requieren que seas creativo. Esto podría ser una actividad como escribir un poema, pintar o algo así como carpintería. Ahora date cuenta de esto, no se trata de lo que tú creas. Se trata del proceso. Por experiencia, este proceso crea lo que yo llamo transferencia de energía. Esa emoción negativa que sientes se convierte en un proceso creativo que tiene el potencial de convertirse en arte. No tienes que aspirar a hacer algo grande (que sólo agravaría el estrés), puede ser algo tan simple como salpicar colores en un tablero o jugar con las palabras. Estas son formas muy buenas de ayudarte de nuevo, de salir de tu cabeza.

3. Defiende una causa que te importa

Sabes que quieres hacer la diferencia y aliviar el sufrimiento de la gente. Tomarse un momento para dar hacia una causa que es importante para puede tener un efecto relajante en ti. Si prefieres ser práctico, puedes ser voluntario por unos minutos u horas (dependiendo de tu horario). Te ayuda a cuidar su instinto de "proyectar a la gente" mientras le da una distancia adecuada.

4. Cambie su rutina

Los empáticos son criaturas de hábitos. Se sienten seguros en esas rutinas a pesar de que esas rutinas pueden no ser buenas para su salud mental y física a largo plazo (¿recuerdas mi experiencia con el sofá y la pastelería?). Romper con la rutina puede sonar aterrador, pero cuando das el paso, el resultado puede ser exultante. Sin embargo, una palabra de precaución. Asegúrese de que la nueva rutina a la que se apunta sea beneficiosa para su salud mental.

5. Meditación

Esta lista no estaría completa si no hubiera una mención de la meditación. Si aprendes a hacerlo bien, puedes inducir un estado de completa calma sin importar lo estresado que te sientas. Incluye palabras de afirmación como parte de su rutina de meditación para que la experiencia de meditación sea aún más relajante. Encontré mi paz en Reiki, un viaje de sanación energética que realizo diariamente.

Pasos para sanar sus desencadenantes emocionales

Los desencadenantes emocionales son eventos, recuerdos, lugares o incluso palabras que en el momento en que los ves, invocan un tipo específico de reacción emocional. Cuando algo te sucede, nuestros cerebros crean vías neurales (es por eso por lo que tener nuevas experiencias en forma regular es bueno para ti) y cuando esas experiencias son negativas, la emoción que experimentaste en ese momento se registra y cada vez que algo similar sucede, te transportas inmediatamente a ese momento. Es por eso por lo que puedes percibir algo como decir una fragancia y te transportas a una época de tu infancia en la que alguien importante en tu vida hizo algo mientras usaba esa fragancia. Las emociones desencadenadas pueden ser buenas o malas, esto está determinado por la experiencia que has tenido.

Obviamente, te sentirías cómodo reviviendo buenas emociones a menos que llegue a un punto en el que esos recuerdos te impidan seguir adelante con su vida. Las emociones negativas nos afectan de muchas maneras y esas casi nunca son buenas. Personalmente, creo que lo único bueno que proviene de las experiencias negativas son las lecciones que proporcionan. Cualesquiera que sean las emociones que se estén desencadenando, el hecho es que estás siendo retenido de seguir adelante y vivir su mejor vida ahora. La mejor manera de avanzar es hacer lo siguiente;

1. Permanecer en el momento

Deja de hacer un viaje por el carril de los recuerdos. Si ocurre un evento que le hace pensar en el pasado, no se aferre a él. Concéntrate en lo que está sucediendo. No dejes que las emociones que provocan te retengan y, lo que es más importante, no veas tu presente como una oportunidad para vengarte de tu pasado. Aborde la situación a medida que se presenta.

2. No intentes controlar la situación

El control es una ilusión y si compras en esta ilusión, aumenta el estrés y la ansiedad que viene con revivir los desencadenantes emocionales. Acepta que no puedes controlar lo que te está pasando, no puedes controlar a nadie involucrado en la situación que te está afectando, sin embargo, tu experiencia no tiene que estar determinada por esta cosa por la que estás pasando. Suena como una contracción, pero esto es lo que quiero decir. Tienes la opción de cómo se siente porque eso es sobre lo que tiene control. La felicidad o la tristeza que sientes y cuánto tiempo sientes esas cosas es determinada por ti. Así que, abandona la situación, pero controla tus emociones.

3. No huyas de ella.

Hay un dicho que dice que la salpicadura de agua de la que huyes hoy podría convertirse en la piscina que te ahoga mañana. Puede ser doloroso confrontar nuestros sentimientos. Pero es en esa confrontación donde encontrarán la verdad y ya saben lo que dicen sobre la verdad y la libertad. Y esto nos lleva al siguiente punto.

4. Conozca su verdad

Érase una vez, la gente pensó que el mundo era plano. Esto les impidió seguir lo que habría sido una aventura asombrosa y permanecieron donde están porque estaban enjaulados por esta "realidad". Pero cuando algunos valientes científicos fueron capaces de refutar esta teoría, la humanidad fue liberada para explorar los confines de la tierra. Los desencadenantes emocionales pueden estar basados en mitos que se ha alimentado a sí mismo y, por lo tanto, cada vez que se enfrenta a una situación que desencadena esas emociones, estás atrapado en lo que siente. Rompa el ciclo refutando esos mitos. El resultado puede no ser algo que les guste, pero sea lo que sea, pueden llegar a ser dueños de su verdad.

5. Acepta todas tus peculiaridades

La vida es una bola de fuego de giros y giros inesperados y puede golpearnos en cualquier momento. La gente en nuestras vidas venía y se iba. No puedes aferrarte a un recuerdo o a una persona porque tienes miedo de lo que te pasaría después de dejarlos ir. Este miedo se debe principalmente a que no has llegado a un lugar de aceptación. Eres inusual, eres único y las experiencias que tienes son locas, pero eso es lo que te hace excepcional. Al abrazarte a ti mismo, inclínate a amarte más a ti mismo. Cuando te amas a ti mismo, todo lo demás que te sucede es secundario.

Técnicas poderosas para la curación y la autoprotección

El ajuste predeterminado de cualquier persona cuando se siente amenazada es ir a un lugar donde se sienta segura. Es posible que no siempre tenga el lujo de correr a su espacio seguro. Entonces, ¿a qué te dedicas? Detente. Tómese un tiempo y relájese. Estas poderosas técnicas que he aprendido se han convertido en un mecanismo de afrontamiento para mí y no puedo recordar un momento de mi vida en el que haya sido más feliz.

Afirmaciones

Estamos hechos de las palabras que nos decimos a nosotros mismos. Si no te hablas a ti mismo, las palabras que otras personas te hablan se convertirán en el fundamento sobre el que se construye tu vida. Y sabemos que el mundo puede ser un lugar cruel. Algunas de las cosas negativas que la gente te dice no vienen de un lugar de malicia. Simplemente no saben lo que hacen. Pero a pesar de las intenciones detrás de sus palabras, no quieres dejar tu paz y cordura a las palabras de la gente. Las afirmaciones son palabras que dices para cargar su energía y a veces cancelan las palabras negativas que la gente habla hacia ti. Comienzo mi día con el siguiente canto;

"Soy un fuerte y poderoso componente en el universo y he sido facultado para tomar el control de mi día"

Encuentra frases y palabras positivas con las que te conectes. Cuando te sientas abrumado por tus emociones o por las actividades que están sucediendo a tu alrededor, habla esas palabras y absorbe la energía que te dan.

Trae alegría a tu vida

Si has estado esperando a esa persona cuya conexión traería alegría a tu vida, has estado buscando en el lugar equivocado. La única persona que necesitas para completar tu vida eres tú. Tienes que dejar de esperar el permiso de otra persona para ser feliz. Esto es algo con lo que vas a tener que lidiar por ti mismo. A los empáticos no les gusta esta verdad, pero créanme, en el momento en que la acepten, activarán la sanación en ustedes que es tan profunda. También te protegería de enamorarte de cualquiera que aparezca en tu radar. Empieza a hacer las cosas que te gustan, planea esas vacaciones de ensueño, toma esa clase de cocina. La vida es demasiado bella para pasarla esperando. Vive tu mejor vida ahora.

Conéctese con la naturaleza

No creo que haya muchas cosas tan refrescantes como conectarse con la naturaleza. Revitaliza tu alma y te deja sintiéndote elevado. Un simple paseo por el bosque puede dejarte mentalmente estresado. Rodearse de naturaleza es como enterrarse en la madre tierra. Esto es simbólico de estar en el vientre materno, que es uno de los lugares más seguros que hemos conocido. Cuando estés allí, absorbe la energía tranquila de lo que te rodea. Si se encuentra en la playa, escuche los sonidos de las olas estrellándose en la orilla. Imagínate tus miedos y tu ansiedad destrozados por esas olas y deja que el alivio te bañe. Acepten las bendiciones y las energías de protección que reciben y crean que son amados y protegidos. Experimentarías una sensación de salubridad.

Determine sus límites

Los empáticos luchan con una sensación de falta de control. Esta es la causa de la confusión emocional que siempre están experimentando. Se siente como si el mundo y los acontecimientos a su alrededor ocurrieran sin su consentimiento. Esto los deja en un estado de dolor, dolor y trauma emocional. Para superar esto, es importante que te recuerdes a ti mismo diariamente que todo y cualquier cosa que te suceda sucede con tu permiso. Está perfectamente bien decir que no. Ponga el 'no' ahí fuera y deje que ese sea su límite. Cuando te sientes cansado y no quieres seguir adelante en términos de tratar con la gente y su drama, está bien decir que no. No dejes que tu miedo a la percepción de los demás controle tu reacción. Baja los pies y no digas más de lo que normalmente dirías. La esencia de este ejercicio es empoderarte y llevarte a ese lugar donde puedes abrazar el control que tienes sobre tu vida.

Afirmaciones positivas que todos los empáticos deben saber

Con cada capítulo y segmento de este libro, estoy seguro de que tienes un conocimiento más íntimo de ti mismo. Ahora con ese conocimiento viene la necesidad de tomar acción. Ya sabes lo que dicen, el conocimiento sin acción es inútil. Pero antes de que lleguemos a la parte en la que empiezas a actuar con la información y sabiduría que has recibido, comencemos ese viaje empoderando a la persona hermosa dentro de ti. Hablé de las afirmaciones antes y ahora vamos a ser prácticos con ellas. He aquí algunas afirmaciones que creo que tendrían un gran impacto en la vida de un empático

1. Soy un alma hermosa y sensible. Mi sensibilidad es una fuerza poderosa y con esta fuerza, cambio mi mundo.

2. Soy una persona muy importante y, en mi vida, prometo que la gente me valorará como persona. Mi círculo interior está formado por personas que valoran mis opiniones, mi presencia y mis sentimientos.

3. Hoy atraigo bendiciones y energías positivas a mi manera. Rechazo cualquier cosa que pueda infectar mi mundo con negatividad. Mi vida es hermosa. Mis experiencias son hermosas. Mi amor es hermoso.

4. He sido bendecido con el don de reconocer intuitivamente lo que es bueno para mí. Escucho mis instintos. Confío en mi instinto y estoy protegido por mis instintos. Mientras escuche mi voz interior, no me haré daño.

5. Hoy construyo un muro a mi alrededor que protege mi energía de personas que son emocionalmente agotadoras. Me comprometo a permanecer en relaciones que me nutren tanto como yo los nutro a ellos.

6. Me merezco la felicidad y por eso hoy, me mimaré. Me daré el gusto de seguir una dieta saludable. Ejercitaré mi mente y mi cuerpo. Hoy, me comprometo a ser bueno conmigo mismo.

Capítulo Siete - La empatía sana y feliz

Ahora que hemos mirado la empatía herida, así como los problemas que los empáticos enfrentan y luego hemos pasado por este proceso en el que encontramos la curación en nuestro interior, ¿cómo sabemos que hemos sido sanados? Esa es la esencia de este capítulo. Quiero que veamos bien cómo es una empatía feliz. Porque sí, es posible ser feliz y saludable tanto emocional como físicamente. Siempre va a requerir mucho trabajo. No hay necesidad de esconderse de ese hecho. Sabemos que estamos construidos de manera diferente a la persona promedio y por lo tanto la manera en que reaccionamos a las situaciones y eventos de nuestra vida es diferente. A pesar de los obstáculos causados por nuestra naturaleza inherente, encontraremos sanación. No hay duda de ello, pero a veces, lo mejor que puede motivarte a tomar el mejor curso de acción para ti sería tener una visión clara de ti mismo. Y ahí es donde estamos llegando en este capítulo. No estoy tratando de pintar un cuadro de color de rosa. Por si no te has dado cuenta, empecé este capítulo reiterando algunas de las dificultades que creo que encontraríamos en algún nivel. Dicho esto, creo que es hora de revelar la persona en la que podrías convertirte si sigues el curso. Continúe con sus afirmaciones y manténgase saludable tanto mental como físicamente y el resultado será gratificante.

Las 5 poderosas lecciones que todo empático debe aprender

1. Decir que no, no te hace una persona horrible.

Cuando pones a un empático en una posición en la que se supone que debe decir sí o no, instintivamente quiere decir sí. Esta es su naturaleza y, en un mundo donde todo es perfecto, esta es la actitud correcta. Desafortunadamente, el mundo es todo menos perfecto y decir que sí, cada vez que te preguntan sólo te prepara para una vida de arrepentimiento. A medida que evolucionas en tu viaje como empático. Esta es una de las lecciones más importantes que aprenderá. La vida no termina cuando dices que no. De hecho, lo que sucede es todo lo contrario. Tu vida comienza al final del no.

2. Está perfectamente bien que te pongas a ti mismo en primer lugar

La empatía es generosa hasta la médula. Ponen los sentimientos y emociones de los demás antes que los suyos propios. Esta naturaleza es lo que les gusta a las personas, pero al mismo tiempo, es lo que las destruye desde dentro. En este viaje, si vas a ser una mejor versión de ti mismo, una lección que debes aprender es que está perfectamente bien que te pongas en primer lugar.

3. Tu sensibilidad es una fuerza

Toda tu vida te han dicho que las emociones debilitan a una persona. El hecho de que hayas sido sensible a las cosas que suceden a tu alrededor te ha hecho merecedor del título de una persona débil y sensible, pero en este viaje descubrirás que tu sensibilidad es una de tus mayores fortalezas. Y cuanta más información adquieras sobre ti mismo, más poderoso te volverás.

4. Tú nunca fuiste el problema

La gente va a intentar tirarte tu naturaleza a la cara. Especialmente las personas con las que has compartido algún tipo de relación. Ya sea en el trabajo, en la escuela o en su relación personal. Debido a su incapacidad para entender el tipo de persona que eres, siempre parecerá que tú eres el problema desde el principio. Pero con la información que obtienes sobre ti mismo a medida que continúas estudiando tu personalidad y entendiendo de qué se trata la empatía, te darás cuenta de que el problema nunca fuiste tú en primer lugar. Y no se trata de asignar la culpa. Se trata de reconocer las cosas por lo que realmente son. Recuérdese constantemente (no importa cuán alto digan lo contrario) que la causa del problema no eres tú por la falta de comprensión de la gente.

5. La felicidad es una elección que haces

Esto aquí no es algo que sea exclusivo de los empáticos solos, muchas veces no nos damos cuenta de que la manera en que nos sentimos es realmente lo único que podemos controlar. Y, sin embargo, eso es precisamente lo que decidimos dejar en manos de otras personas. La felicidad no va a venir y llamar a tu puerta. No va a venir en la forma de una persona que asumes que es la persona perfecta para ti. No va a estar presente incluso si encuentras esa relación perfecta o si de repente te despiertas rico. La felicidad es como despertarse cada mañana y decidir cepillarse los dientes. Es algo por lo que tienes que esforzarte todos los días y si quitas algo de esta sección en particular del libro, que sea el hecho de que estás en control del estado de tu mente.

Prácticas diarias de una empatía sana

Si la felicidad es algo por lo que tienes que luchar cada día, ¿qué son esas cosas que un empático feliz haría para retener su felicidad? Es una pregunta curiosa, especialmente cuando se considera el hecho de que la felicidad significa muchas cosas para diferentes personas. Desde mi experiencia personal, la verdadera felicidad no viene de las cosas que puedes poseer o de las cosas que puedes comprar. La felicidad genuina se encuentra en los pequeños placeres que tomas en los pequeños momentos que vienen a ti. Puede ser muy fugaz, por eso es importante estar presente en cada momento, porque si te pierdes esos momentos, no perderás la oportunidad de ser feliz. Muchos de nosotros pasamos nuestros días postergando son la felicidad. Pensamos que si somos capaces de conseguir ese trabajo si somos capaces de comprar esa casa; si finalmente llegamos a conocer a esa persona perfecta ahora mismo, nuestras vidas serían mucho mejores y es entonces cuando sabemos que finalmente podemos encontrar la felicidad. Pero la cosa es que al declarar estas palabras nos privamos de una oportunidad real de ser felices. Deja de esperar a que te suceda la felicidad. Utilice estos ejercicios diarios para inyectar algo de felicidad en su vida.

Tómate un minuto para estar agradecido

Una de las razones por las que no podemos encontrar la felicidad es que estamos tan enfocados en las cosas que no tenemos, que nos olvidamos de las cosas que sí tenemos. Damos mucho valor a lo que esperamos obtener y no prestamos atención a las bendiciones que ya están en nuestras vidas. No importa cuán mala sea la situación, son pequeñas bendiciones a su alrededor. Y sólo puedes encontrar esas bendiciones si haces un esfuerzo consciente. Así que, cuando te levantes por la mañana, saca un minuto de tu día para estar agradecido por todo lo que tienes. Como dicen, hay que desarrollar una actitud de gratitud.

Comienza tu próxima aventura

Cuando te quedas atascado en una rutina, tu vida se convierte en un lugar muy aburrido. Pierdes esa sensación de maravilla que trae algún tipo de felicidad a tu vida. Es difícil ver las cosas buenas que tienes y apreciarlas por lo que son y no necesariamente porque no estés agradecido. Creo que tiene más que ver con el hecho de que has perdido el deseo de vivir. Hoy, vete a una miniaventura. No tiene que ser algo grande. Puede ser algo tan simple como probar una nueva cocina o tal vez comenzar un nuevo deporte. La meta es traer un sentido de novedad a tu vida; renovar tu pasión por la vida. Cuando eres apasionado por tu vida, encuentras la felicidad en las cosas más pequeñas.

Muéstrate un poco de amor

Te mereces la felicidad. Lo he dicho varias veces y eso demuestra lo importante que es. Ahora mostrarte amor es algo contra lo que muchos de nosotros pateamos instintivamente porque pensamos que crea una cierta percepción sobre nosotros. El hecho de que nos preocupemos tanto por lo que los demás piensen de nosotros más que por nosotros mismos dice mucho de nuestro estado mental. No necesitas esperar a que la gente te ame. De hecho, no muchas personas pueden amarte más de lo que te amas a ti mismo. Si quieres dar la bienvenida al amor en tu vida, el primer lugar para empezar es contigo. Muéstrate un poco de amor. Sé más amable contigo mismo, tómate un tiempo para mimarte. Sé que dicen que salir a comer solo puede parecer un poco deprimente. Una vez más, esta es la percepción de otras personas. Si quieres salir a cenar, te recomiendo que lo hagas una vez al mes más o menos. Llévese al mejor restaurante que pueda permitirse y disfrute de una deliciosa comida. O ir a un spa si eso es lo tuyo. Disfruta de un buen masaje. Estas son pequeñas formas en las que puedes mostrarte, amor.

Tómate un momento para respirar

Vivimos vidas muy ocupadas y el mundo en el que estamos hoy se mueve a un ritmo muy rápido. Tanto es así que desde el momento en que te levantas, hasta el momento en que bajas la cabeza por el día, parece como si hubieran pasado 24 horas volando. Es importante hacer pausas a lo largo del día. No tienes que hacer nada significativo durante esas pausas. Algo tan simple como concentrarse en su respiración puede hacer mucho para mejorar el resultado de su día. Cuando te sientas tenso y nervioso, haz una pausa en lo que sea que estés haciendo. Respira profundamente y exhala; imagina que la tensión y el estrés que sientes fluyen con esa respiración. Hay varios ejercicios de respiración que están diseñados específicamente para reducir el estrés. Podrías buscarlos en Internet y tal vez probarlos. Si eso suena un poco complicado para ti, sólo tienes que hacer pausas durante el día. Deténgase y huela las proverbiales rosas.

Tenga una visión de su futuro

En términos muy simples, esto se llama soñar. Cuando dejas de soñar, es muy fácil perder tu felicidad. Esto no quiere decir que no debamos estar arraigados al momento. Lo que quiero decir es que una visión de tu futuro te ofrece una alternativa hacia la que puedes caminar sin separarte de tu presente. Es importante que reconozcas la dinámica de esto. De cara al futuro, les insto a que sueñen un poco más de lo que normalmente lo harían. Imagínate la felicidad que esta visión te da y deja que fortalezca tu presente.

Deja de sentir empatía por el dolor y comienza a sentir empatía con alegría

Como empáticos, tenemos una tendencia a conectarnos con el dolor. Cuando vemos a alguien con dolor, reflejamos ese dolor en nuestras vidas. Esto nos hace pasar por ese dolor como si fuera nuestro propio dolor. Pero cuando se trata de alegría u otras emociones positivas, por alguna razón tenemos un desapego. Somos incapaces de reflejar esa alegría y al hacerlo, no vivimos esa alegría como si fuera nuestra. Nuestro sesgo hacia el dolor no es algo que se entienda fácilmente. Tal vez sea porque el dolor tiene una intensidad que nos llama o porque podemos participar activamente en la resolución del dolor de otra persona. Cuando se trata de la alegría, por otro lado, se siente que, porque no hay nada que podamos hacer al respecto, no nos involucramos tanto y creo que este es parte del problema. Cuando presenciamos emociones en otras personas, estamos psicológicamente programados para reaccionar a ellas y queremos hacer algo al respecto.

Bueno, eso era sólo una especulación, sin embargo, la ciencia nos dice algo similar. Según la ciencia, nuestro cerebro no reacciona con la misma intensidad a la alegría que al dolor. Lo que eso significa es que, como seres humanos, nos resulta más fácil compartir el dolor y el sufrimiento de los demás que compartir su alegría. Creo que esta experiencia es aún más cierta en el caso de los empáticos. Los expertos creen que hay mucha más recompensa psicológica cuando reaccionas al dolor de otras personas que cuando reaccionas a su alegría. Esto continúa reforzando mi teoría de que nos sentimos mucho mejor cuando estamos involucrados en el proceso de alguien y el dolor te permite más participación que la alegría. Cuando ves a una persona experimentando alegría, simplemente tienes que estar feliz por esa persona. Pero cuando se trata de dolor, nuestra "personalidad de fijador" se aprovecha. Ahora bien, esto no significa que queramos que la gente esté sufriendo todo el tiempo o incluso en absoluto. Eso demuestra lo que hacemos subconscientemente.

Y sólo porque estés programado para hacer algo subconscientemente no significa que tu personalidad haya sido definida por esto. Puede dar el paso para cambiar esta actitud. Es bueno responder al dolor de otras personas, pero también es bueno responder a su felicidad. Esto no es sólo para la persona a la que estás reaccionando, sino también para ti mismo. Para ser un empático feliz, sano y bien fundamentado, es importante que encuentres un equilibrio entre estas dos reacciones. Cuando veas a alguien feliz, sigue adelante y regocíjate activamente con él. No hay ninguna regla que diga que no puedes hacer algo para celebrar esa felicidad. Si haces el esfuerzo consciente de celebrar la felicidad de los demás, te darás cuenta de que también hay recompensas involucradas en esto.

Así que hoy quiero que añadas a tu lista de afirmaciones el deseo de celebrar la felicidad de otras personas. Cuando la próxima vez que alguien en su círculo anuncie una buena noticia, ofrézcase para llevarlos a celebrar el evento. Ni siquiera tienes que esperar a que ocurra algo positivo. Puedes sacar un bolígrafo y papel y escribir una carta de agradecimiento a tu amigo, familia o ser querido a la antigua usanza. Piense en una manera creativa de mostrar su empatía por su felicidad. Puede que al principio sea un poco pesado, pero a medida que lo sigues haciendo, se convierte en una parte normal de ti.

Practique la empatía no reactiva

Decirle a un empático que deje de reaccionar a las emociones y energías que les quitan a otras personas es como decirle que deje de respirar. Esto es lo que somos y ahora mismo, espero que hayas llegado a ese lugar de aceptación. Ahora, este segmento se trata de llevarte a ese lugar donde no reaccionas a cada energía o vibración a tu alrededor. Esto puede ser difícil, especialmente si está rodeado de personas con dolor. Sin embargo, debes tener en cuenta que para llegar a ser un empático feliz y saludable, esta es una habilidad que vas a tener que aprender. Mira las cosas que suceden a tu alrededor y desarrolla una manera diferente de reaccionar a esas cosas. ¿Ves cómo no te digo que dejes de reaccionar? Sólo digo que desarrollemos una forma diferente de reacción. Para poder hacer esto, tienes que venir de un lugar de autoconciencia. Saber quién eres y cómo ciertas cosas te hacen sentir te equipan para estar más preparado ya que puedes anticipar tu reacción.

Otra cosa que tienes que entender es que nada es lo que parece. Puedes haber caminado emocionalmente a través de los zapatos de esa persona, pero eso no significa que tenga una imagen completa de lo que está sucediendo. Este es un error común que nos es muy peculiar como empáticos. Sentimos que nuestra conexión con la experiencia de la gente nos da acceso a la imagen completa. Digamos, por ejemplo, que te tropiezas con un vagabundo en la calle. Está sosteniendo su taza de hojalata como de costumbre y pidiendo cambio de sobra. Reaccionas inmediatamente emocionalmente a su circunstancia actual y sabes cómo se siente en ese momento. Pero la cosa es que sólo se trata de ese momento específico. Teniendo esto en cuenta, le resultará más fácil desarrollar una reacción diferente o, al menos, reducir su reacción emocional a las cosas.

Los científicos nos dicen que el 90% de lo que hacemos se basa en el hábito. Por lo tanto, si quieres aprender a desarrollar nuevas formas de hacer las cosas, tendrías que volver a entrenar tu cerebro. Para ser menos reactivo, le insto a que haga una pausa consciente antes de reaccionar. Esa pausa podría marcar la diferencia entre reaccionar de forma exagerada y reaccionar adecuadamente. Un buen truco que tenía era pellizcarme cada vez que sentía que mis emociones se estaban acelerando. Actúa como una señal de advertencia que me recuerda que debo ir más despacio. Me tomó un tiempo recibir este mensaje, pero hoy en día, soy mejor por ello. Todavía me afecta el dolor que sienten otras personas, pero ya no me zambullo en todo lo que es primero la emoción. Siento, pienso y luego reacciono.

Capítulo Ocho - La empatía como superpotencia

Ahora que nos hemos quitado las gafas teñidas de rosa, podemos ver empatía por lo que realmente es. Y a pesar de todos los desafíos y luchas por los que pasamos como empáticos, es seguro decir que la empatía es una superpotencia. La empatía es la cualidad definitoria que nos hace humanos. La capacidad de ver a nuestros semejantes pasar por el camino de la vida, ya sea bueno o malo, y que sus experiencias se reflejen en nuestras propias vidas sin que tengamos que pasar por esas experiencias es increíble. Como empáticos, marcamos el ritmo de la humanidad. Somos más que observadores en la bibliografía mundial de todo lo que tiene que ver con las experiencias humanas. Somos participantes y, en cierto modo, diría que somos los contables. Es una cosa genial cuando piensas en ello. Ser la persona que atestigua la vida desde el punto de vista de la otra persona. No me importa lo que diga la gente. Pueden decir que eres demasiado emocional o reactivo o simplemente loco. Somos empáticos orgullosos y no hay mejor momento que ahora para ser dueños del poder que viene con el nombre.

Los 7 dones naturales que poseen todos los empáticos

1. Los empáticos son muy creativos: La perspectiva única dada a los empáticos les permite ver el mundo de la manera en que la mayoría de la gente no lo ve. Esta visión nos abre a una dimensión diferente de las cosas. En otras palabras, enfocamos las situaciones desde un ángulo diferente, lo que nos da la capacidad única de encontrar soluciones creativas. E incluso cuando no estamos proponiendo soluciones innovadoras, somos muy hábiles en la creación de arte excepcional.

2. Los empáticos son curanderos naturales: Nuestra conexión con las cosas que nos rodean, ya sean personas, plantas o animales, nos da un

vínculo que nos hace sanadores naturales. Tenemos una comprensión instintiva de la energía vital que fluye a nuestro alrededor, y jugamos con este conocimiento para proporcionar ayuda a quien la necesite y a quien la necesite. Combine esto con nuestra necesidad biológica de proporcionar cuidados y tendrá el curador natural perfecto.

3. Los empáticos están alertas a los peligros en el medio ambiente: Gracias de nuevo a nuestra conexión con el mundo que nos rodea cuando entramos en una habitación, hay algo en nuestro subconsciente o en nuestro ser que nos alerta inmediatamente tenemos la sensación de que hay una amenaza para nuestras vidas en ese espacio. Esto no es algo que puedas explicar. Simplemente sucede y es uno de esos regalos por los que estamos agradecidos.

4. Los empáticos pueden ver una mentira a una milla de distancia: Este tiene que ser mi regalo favorito como empático; la habilidad de detectar una mentira. No importa cuán bien hecha esté la mentira o cuánta evidencia física esté disponible para apoyarla, en el momento en que un empático encuentra una mentira, siente su falsedad.

5. Los empáticos pueden detectar la verdad: De la misma manera que un empático puede detectar una mentira, es la misma manera en que pueden detectar la verdad. En nuestro trato con la gente, los encontramos haciendo todo lo posible para enmascarar sus verdaderas intenciones o sus verdaderos sentimientos. Nuestra conexión con la gente y nuestra habilidad para leer su energía permite ver bajo esas capas de pretensión y revelar la verdad.

6. Los empáticos tienen las mejores experiencias: ¿Imagínate poder experimentar el caleidoscopio de la emoción humana? Ese plano de intensidad te deja con una variedad de experiencias es que no mucha gente tendría el privilegio de experimentar. En el momento en que somos capaces de tener nuestros sentimientos bajo control, abrimos las puertas para experimentar la vida en su mejor forma.

7. Los empáticos son buenos leyendo el lenguaje corporal: La comunicación puede ser verbal o no verbal. La mayoría de las personas sólo son capaces de entender la comunicación a nivel verbal e incluso entonces, su incapacidad para sentir las verdaderas intenciones de las personas hace que sea difícil entender verdaderamente la dirección de esa comunicación. Para los empáticos, esto no es un problema. Además, pueden leer el lenguaje corporal de una persona para determinar lo que quiere decir o cómo se siente.

Los mejores trabajos para empáticos

En mi experiencia, los empáticos que son conscientes de sí mismos pueden caminar en cualquier campo en el que pongan su mente. Son aquellos que todavía están luchando con sus dones los que tienen dificultades para funcionar al máximo en ciertas áreas. E incluso entonces, siento que esto tiene más que ver con su personalidad individual que con sus dones como empáticos. Ahora una cosa es trabajar en un determinado campo y otra es prosperar en ese campo en particular. Para este segmento, me voy a enfocar en los caminos profesionales donde la empatía es más propensa a utilizar sus dones y tener éxito.

Esta lista es más bien una guía, así que tenga cuidado al aplicarla a su vida. Debes tener en cuenta cosas como tu área de especialización, tus habilidades básicas, así como tus talentos. Decidir dar un rodeo en estos campos basado en tu don de empatía por sí solo no te va a garantizar el tipo de éxito que deseas. El mensaje detrás de todo lo que estoy diciendo es que ser empático complementaría el conjunto de habilidades, así como cualquier otro requisito básico para estos puestos de trabajo en sus respectivas industrias. Con eso fuera del camino, exploremos esos roles de trabajo.

Psicólogo: La capacidad de empatía para escuchar es una de las cosas que los califica para este trabajo. Sin embargo, se necesitaría un empático que sea consciente de sí mismo para prosperar como psicólogo. La razón de esto es que los empáticos en su estado crudo y sin entrenamiento tienden a reaccionar emocionalmente. Los psicólogos necesitan un sentido de desapego. Aunque puedan identificarse con los sentimientos y emociones por los que está pasando su paciente, todavía tiene que haber esa línea para que puedan ofrecer una perspectiva objetiva y soluciones creativas. Sin embargo, creo que nació un empático para este trabajo.

Veterinario: En casi todos los lugares, un veterinario local también es conocido como el susurrador de animales. Ellos tienen una manera de conectarse con los animales bajo su cuidado y esta no es una habilidad que se aprende en cualquier salón de clases. Es algo innato. Necesitas el entrenamiento para poder proveer la solución correcta, pero necesita esa habilidad intuitiva para poder entender verdaderamente el problema.

Artista: Es bien sabido que los artistas son personas con almas extremadamente torturadas y eso es porque parecen ser sensibles al mundo que les rodea. Tendría sentido llegar a esta conclusión porque requeriría que tuvieras una gran profundidad de entendimiento para poder ver las cosas que otras personas ven como ordinarias y transformarlas en algo espectacular. Los artistas son la razón por la que puedes mirar una pintura y emocionarte hasta las lágrimas. O puedes escuchar un sonido y ser transportado a otro universo o leer un conjunto de palabras y tus emociones se agitan. Esto viene de la empatía

Consejera de orientación: Esto es similar al psicólogo, excepto que esta vez, está ayudando a los jóvenes a determinar su trayectoria profesional y ayudando a los niños a tomar las decisiones correctas en la escuela. Y siento que este es un papel que es muy adecuado para una persona empática porque pueden relacionarse con estas personas como ninguna otra persona puede hacerlo y también, su habilidad intuitiva para leer las verdaderas emociones e intenciones de las personas los pone en una mejor posición para ofrecer consejos cuando se trata de cosas como su carrera o sexualidad, las opciones en la escuela entre otras cosas.

Abogado: Las personas sin voz necesitan que un defensor hable en su nombre y ninguna persona puede hacerlo mejor que alguien que sea empático, la capacidad de relacionarse con la situación y la astucia que proporciona su capacitación los convertiría en una combinación letal en la sala de audiencias.

Cómo los empáticos pueden usar sus dones para manifestar el éxito

Los empáticos están en posesión de muchos de los regalos que caí les daría una ventaja en el lugar de trabajo su éxito no sólo está ligado a su carrera. Si se aplican correctamente diferentes áreas de su vida, encontrará que estás prosperando. Para este segmento, voy a ver cinco áreas diferentes en tu vida y veremos cómo puedes usar tu don.

En tu carrera

Independientemente del tipo de trabajo que hagas, lo más probable es que tengas otras personas con las que trabajar. Para un empático, esto le da la ventaja extra porque tiene una comprensión innata de cómo funciona la dinámica de las relaciones entre las personas. Para que tengas éxito en el lugar de trabajo, aquí está cómo trabajar sus dones a su favor;

1. Utilice su don de conocimiento de los problemas para desarrollar soluciones innovadoras. Su desafío en este sentido sería hacer que se escuchara su voz. Relájate, di la verdad e impresiona a tus colegas con tus increíbles ideas.
2. Usa tu habilidad de sentir energía para trabajar en el tiempo. Esto es muy útil cuando se presentan nuevos proyectos al jefe o cuando se presenta una queja.

En sus relaciones

Guía de supervivencia de personas altamente empáticas

Para el empático que aún no ha comprendido su personalidad, sus relaciones son complicadas o unilaterales. Con el conocimiento que ha adquirido, puedes construir relaciones que son saludables y prosperan.

1. Usa tu don de separar las verdades de la mentira, puedes seleccionar activamente el tipo de personas que instintivamente conoces para que tengan tu mejor interés en el corazón. Esto mantiene la energía a su alrededor positiva
2. Usa tu habilidad creativa para crear ideas de regalos, actividades divertidas y otras experiencias únicas que unan a las personas y fomenten las amistades.

En sus finanzas

El dinero es difícil para cualquiera. Empático o no, necesitas conocimientos financieros básicos para poder manejar su dinero de manera efectiva. Es comprensible que el dinero no sea una fuerza motivadora fuerte para el empático, pero no hay ninguna razón por la que no se pueda ser rico. Dicho esto, tus habilidades empáticas pueden ayudarte en las siguientes áreas;

1. Monetiza tu pasión. Los empáticos se sienten conmovidos por las cosas que les apasionan. Si puedes encontrar una manera de hacer de su pasión una fuente de ingresos, te llevarías el premio gordo.
2. Use su red para crear valor neto. Sus relaciones suelen ser sus activos más valiosos. Aumente eso y sus activos crecerán.

En su salud mental

Tanto como los empáticos tratan con muchos problemas emocionales, si también pueden tener la mejor experiencia emocional. Para prosperar mentalmente, haga lo siguiente;

1. Usa tu radar de energía para filtrar los tipos de energía que permites en tu espacio. Con energías positivas, creces. Las energías negativas, por otro lado, tienen un efecto marchitador en ti.
2. Usa tu habilidad de conectarte para establecer una conexión con tus verdaderas intenciones. La gente camina por la vida confundida sobre las cosas que quiere. Esto los pone en un estado mental terrible. Pero tú no. Ponga su mente en ello y podrá saber exactamente lo que quiere en todo momento.

En tu vida espiritual

Tu espiritualidad ya no se trata de religión. Pero sobre tener armonía en el cuerpo, la mente y el espíritu. Los empáticos son uno de los seres más espirituales y puedes amplificar la experiencia haciendo cualquiera de las siguientes cosas

1. Aproveche la energía que rodea a la naturaleza para revitalizarse y refrescarse. Esto drenaría cualquiera de los excesos negativos traídos a tu vida y te ayudaría a mantenerte en un estado de bienaventuranza.
2. Enchufa tu talento natural en tu don de percepción. De esta manera, estás conectado a un suministro aparentemente interminable de ideas. La gente tiende a quemarse y cuando lo hace, se vuelve inquieta en su búsqueda de recuperar lo que ha perdido. Tu don empático puede proporcionar un suministro sostenible para tu talento.

El poder de la empatía en la actualidad

El mundo en el que vivimos hoy es caótico. Apenas hay un día en que enciendes las noticias y no sería testigo de la miseria y la tragedia con la que otras personas están lidiando. El advenimiento de la tecnología ha hecho posible que los medios de comunicación lleguen a los rincones más lejanos de la tierra y lleven estas historias de problemas a su puerta. Con la exposición constante a estas cosas, no es sorprendente que la gente se haya desprendido emocionalmente de los sufrimientos de la gente. Se ha vuelto tan malo que la empatía se ha convertido en una mercancía casi extinguida en el rango humano de las emociones.

El mundo de hoy está evolucionando y en mi opinión, sin empatía, el mundo se derrumbaría en un estado caótico. La empatía es lo que crea un equilibrio entre el dolor que un ser humano es capaz de infligir y la alegría que otro ser humano es capaz de dar. La empatía es lo que caracteriza a la humanidad. Tenemos nuestras diferencias en experiencias, en personalidades y en nuestras creencias. La empatía es el puente que nos conecta a todos. Dicen que el amor es un lenguaje general y que todo el mundo lo entiende. Esto fue quizás cierto hace algunos siglos. En el estado donde el mundo está ahora mismo, el amor tiene múltiples idiomas y se necesita un nivel de autoconciencia no sólo para hablarlo sino para hablarlo con fluidez.

La empatía es el nuevo lenguaje universal. La habilidad de conectarse con otro ser y estar interesado en su bienestar lo suficiente como para invertir en él es lo que el mundo necesita y esto es empatía a nivel general. La empatía responde a la necesidad y el mundo es un lugar lleno de gente necesitada y no lo digo en el sentido de 'pegajoso'. Todo el mundo necesita ser escuchado en algún nivel por alguien más. Sin empatía, esa necesidad seguiría creciendo durante mucho tiempo, lo que provocaría tensiones. El mundo de hoy funciona con el humo creado por estas tensiones y la empatía es la única manera de difundir la situación.

Todo lo que intento decir aquí es que eres valioso ahora más que nunca. Empezamos este viaje con la percepción de la gente de los empáticos. Y en retrospectiva, sería seguro decir que su analogía pone empatía en algún lugar entre un alienígena y una persona loca. Creo que ahora lo sabes mejor que nadie. Ahora sabes que eres un ser sensible, espiritual, lleno de luz y vida. Las luchas que has tenido hasta ahora son temporales y si constantemente pones en práctica los conocimientos que has adquirido aquí para trabajar, tienes el potencial de ser una persona extraordinaria. Eres el superhéroe que el mundo necesita en su esquina. Su presencia es un recordatorio constante de que hay mucho bien en el mundo y que no tenemos que mirar al cielo en busca de ángeles.

Conclusión

Al principio del libro, mi objetivo era documentar mi viaje de ser una persona fuera de control a darme cuenta de que soy una persona empática, consciente de sí misma y arraigada en los dones que me han sido dados. Pero con cada párrafo, empecé a imaginarme tu cara. A medida que los rasgos de tu rostro se aclaraban, empecé a ver tu personalidad y desde tu personalidad, te convertiste en una persona completa para mí. En algún momento del camino, este dejó de ser mi viaje. Se convirtió en nuestro viaje y me emocionó aún más compartir todo lo que he aprendido en mi camino hacia aquí con ustedes. La gente ha tratado de definirnos por sus propias experiencias y durante mucho tiempo, esta ha sido la vara de medir para los empáticos. Somos sensibles, somos emocionales, no lo tenemos juntos y si como yo inhibiste ese mensaje, puedo imaginarme lo problemática que debe haber sido tu vida hasta este punto. Y por eso escribí este libro. Quería reflejar el potencial que tiene cada empático. No somos bebés solitarios y llorones, sino poderosos guerreros con la capacidad de cambiar nuestro mundo. ¡Pruébate eso para ver si te queda bien!

Tomamos muchos desvíos en este viaje y el propósito de este era examinar todos los aspectos de nuestra vida diaria. Quería dividirlo en partes relacionadas. Veo este libro como un espejo y cuanto más claro es, mejor es la visión que tienes de ti mismo. Empezamos cambiando la narrativa sobre quiénes somos y luego, poco a poco, nos adentramos en la forma en que tratamos las situaciones cotidianas. Incluso caminamos hacia el lado oscuro de ser una empática y para ser honesta, ese fue un proceso muy difícil para mí. Vi algunos de los errores que he cometido y eso me trajo recuerdos de algunos de los puntos más bajos de mi vida. Tengo la sensación de que también has pasado por dolores similares. Pero lo bueno es que mirar ese abismo me dio poder para tomar la decisión de ser mejor. Por eso, cuando pasamos a los capítulos en los que hablamos de nuestras habilidades únicas. La parte más intrigante para mí es el descubrimiento de que realmente tengo la capacidad de definir mi vida. Y esto es algo que todos compartimos como humanos.

Espero que después de todo lo que has leído y descubierto en este libro, encuentres el valor para abrazar la fuerza que sé que tienes en tu interior y que empieces a vivir tu mejor vida ahora. Puedo desear desde ahora hasta los confines del universo, pero no va a cambiar nada si no crees que mereces este precioso regalo. Hace años, cuando sentí que mi vida había terminado y que no tenía nada más que ofrecer, todo lo que quería era una segunda oportunidad de vida. Quería una segunda oportunidad. Durante los años que me llevó aprender todo lo que he descargado en este libro, tuve mi segunda oportunidad. Sólo que no sabía que 'esto' era todo. Y por 'esto', me refiero al conocimiento que había adquirido con el tiempo. Mi madre solía decirme que el conocimiento es inútil hasta que lo pones en acción y al principio, eso era lo que esta información era para mí. Hasta que empecé a hacerla práctica. Y, por lo tanto, voy a transmitirles ese pedacito de sabiduría anciana. Tome todo lo que ha ganado con la lectura de este libro y aplíquelo. Es al aplicarlo que descubrirás lo que funciona para ti y lo que no funciona. A medida que cribas a través de ese proceso, te vuelves mejor, más sabio y fuerte.

Este libro describe el proceso de llevarte a un lugar más feliz y saludable paso a paso. Me aseguré de que el contenido fuera positivo, reconocible y práctico. Ser empático no es un concepto extraño. Esta es nuestra realidad y parte de mi objetivo era escribir un libro con una perspectiva equilibrada sobre cada aspecto de nuestras vidas. Si quisiera ser dramático, diría que este libro trata de inclinar la balanza a su favor y creo que hemos sido capaces de lograrlo. En tus manos ahora mismo una herramienta que muestra tus fortalezas y debilidades. Destaca sus intereses y tus pasiones y describe claramente los riesgos y recompensas. No es la varita de un mago la que simplemente puedes mover las muñecas, decir la palabra mágica y transformar tu vida de la noche a la mañana, sino que pone el poder de la transformación en tus manos.

Y ahora que hemos llegado al final, es mi más sincero deseo que su proceso no termine en el segundo que cierren este libro. Quiero que las palabras contenidas en este libro cobren vida en tu corazón. Quiero que te inspiren en momentos en los que te sientas deprimido y activen una pasión en ti que te vea perseguir tus sueños al máximo. Sin embargo, como empático, entiendo cuál va a ser su mayor lucha en todo esto y con ese conocimiento, aquí está mi deseo para ti. Deseo que te veas a ti mismo como la maravillosa persona que eres y que finalmente aceptes este regalo que se te ha dado. Casi puedo ver los engranajes en tu cerebro trabajando al unísono y espero que te dirijan hacia ese espacio donde finalmente puedes aceptar que mereces la felicidad. Que ya no tienes que seguir poniendo sus necesidades y sus sueños en segundo plano para todos los demás. Tienes tanto derecho como todos los demás a ser feliz. Eso no quiere decir que quiero que dejes de ser tú... sólo un recordatorio amistoso de que tus sueños y aspiraciones son parte de lo que eres. En ese sentido, les doy la bienvenida a los mejores días del resto de su vida. Sigue siendo auténtico.

Curarse de relaciones narcisistas y de abuso emocional

Descubra cómo recuperarse, protegerse y sanarse de relaciones abusivas tóxicas con un narcisista

Tabla de Contenidos

Introducción *103*

Capítulo 1 - Descifrando el narcisismo *109*

Los 7 signos de advertencia del trastorno narcisista de la personalidad *109*

¿Qué causa el narcisismo? *115*

4 tipos de narcisistas de los que usted necesita mantenerse alejado *117*

Los 4 tipos de personas que atraen a los narcisistas *119*

Capítulo 2 - Mantenerse un paso adelante *122*

11 maneras de saber que tiene una relación con un narcisista .. *122*

5 cosas que a todo narcisista le gusta decir *136*

5 desencadenantes de la furia narcisista *138*

Capítulo 3 - Cuando es suficiente es suficiente *144*

5 consejos esenciales para tratar con un narcisista de la manera correcta *144*

5 frases para desarmar instantáneamente a un narcisista *149*

Capítulo 4 - Corte de la cuerda *154*

Por qué es tan difícil romper con un narcisista *154*

Las 7 etapas de la vinculación del trauma *156*

Cómo romper con un narcisista para siempre *157*

Usando el método de la roca gris a su favor *160*

Capítulo 5 - Sanación del abuso narcisista.................. 163

Las 5 etapas de recuperación del abuso narcisista.................. 164

5 verdades transformadoras a las que toda víctima debe enfrentarse 168

Ejercicios esenciales para fortalecer el corazón y la mente sanadores 173

Afirmaciones que protegen la vida para curar heridas del pasado 175

Capítulo 6 - Romper el ciclo 180

6 razones por las que sigues atrayendo a los narcisistas........... 180

7 maneras de detectar a un narcisista en la primera cita 184

4 maneras de dejar de atraer a los narcisistas de una vez por todas 188

9 poderosos consejos para desarrollar un amor propio inquebrantable 191

Capítulo 7 - Amar de nuevo..................... 196

7 errores que se deben evitar cuando empiezas a salir con alguien de nuevo 196

5 primeros signos de que finalmente ha encontrado un buen socio 201

8 grandes hábitos para comenzar su nueva relación de la manera correcta..................... 204

Conclusión 209

Introducción

Si ha escogido este libro, es posible que se pregunte si tiene una relación con un narcisista. Alternativamente, puede saber que está en una relación con un narcisista y ahora se pregunta cómo salir de él. O podría estar tratando de evaluar si realmente necesita salir o si las cosas mejorarán.

Puede que haya venido a este libro porque acaba de salir de una relación que comenzó bien pero que luego te dejó tan magullado e inseguro de lo que salió mal que ahora está buscando maneras de sanar y seguir adelante. Desea evitar una repetición de la devastación que un narcisista puede causar en su bienestar.

Algunos de ustedes pueden incluso estar en una nueva relación con alguien que fue herido por un narcisista y quiere saber cómo ayudarlos a seguir adelante.

Sea lo que sea lo que te trajo aquí, has venido al lugar correcto. En los capítulos siguientes, aprenderás a identificar el abuso narcisista y a detectar a un narcisista, para que no te vuelva a picar. Aprenderás lo que dicen, lo que hacen y cómo reaccionan.

Aprenderás a protegerte y a usar técnicas para retroceder, de modo que no atraigas la ira de este tipo de personalidad particularmente difícil. Lo más importante es que se te darán las herramientas para ayudarte a recuperarte de tu experiencia y seguir adelante con tu vida hacia un futuro más feliz y mejores relaciones.

Como alguien que se ha encontrado con algunos narcisistas en mi época, he estudiado de cerca este tipo de personalidad problemática y he desentrañado muchos de los secretos que los hacen ser quienes son. Una vez que realmente los entiendes, pierden su control sobre ti y se revelan por lo que son - individuos preocupados y profundamente solitarios que tristemente están demasiado dañados para disfrutar de relaciones sanas y equilibradas con los demás. No puedes ayudarlos.

Lea este libro y saldrá no solo con una mayor comprensión, sino también con las herramientas para liberarse del narcisista en su vida. Puede esperar una mayor paz y seguridad en sus relaciones futuras, una sensación de seguridad y bienestar y una mayor confianza en sí mismo, algo que un narcisista es bastante hábil para socavar.

Esto es lo que cubriremos:

- **Cómo detectar a un narcisista**

    Descubrirá lo que te dirán, cómo se meten en su piel y, lo que es más importante, cómo te harán sentir. Vamos a ver los diferentes tipos de narcisistas y algunos ejemplos de cómo tienden a comportarse en ciertas situaciones, por ejemplo, en una primera cita.

    También veremos qué es lo que convierte a alguien en un narcisista, y quiénes son realmente bajo ese exterior duro (pista: muy inmaduro). Saber cuán pequeñas y asustadas son estas personas bajo esa superficie lisa es clave para entender su comportamiento y para no ser afectadas por él.

- **Cómo recuperarse del abuso narcisista**

    Un narcisista puede hacer daño aparentemente sin arrepentirse. Con sus palabras y su comportamiento, pueden hacerle dudar de usted mismo, sentirse inseguro de su cordura y vivir en un estado de sitio. Prosperan en el drama, la discordia y el conflicto, mientras que la gente a su alrededor lucha por hacer cualquier otra cosa que no sea protegerse de su próximo ataque. Pero puede romper este ciclo y no volver a caer en él.

En este libro, descubrirá cómo fortalecerse, sanar y restaurar su sentido de autoestima después del abuso narcisista. También veremos cómo separarse, desconectarse o pasar de un narcisista sin atraer su ira narcisista.

- **Cómo lidiar con un narcisista en el momento**

Desafortunadamente, este rasgo de personalidad es razonablemente común. De hecho, hay veces en que es más fácil llevarse bien con un narcisista. Un ejemplo es cuando usted tiene uno en su lugar de trabajo y de otra manera ama su trabajo. Otra es cuando tiene un miembro narcisista de la familia con quien tiene que mantener algún contacto por el bien de la paz más amplia. ¿Por qué deberías irte para escapar de esta única persona?

La respuesta es que no. Pero lo que necesita son algunas técnicas simples para prepararse para esos encuentros. De esta manera, puede tratar con el narcisista de una manera tranquila y asertiva "en el momento" cuando intentan presionar sus botones. El otro beneficio de esto es que es probable que se aburran, pasen a su próxima víctima y te dejen en paz.

- **Cómo escapar de un narcisista**

Una cosa que los narcisistas no pueden tolerar es ser ignorados o abandonados. Esto desencadena todos sus sentimientos enterrados, a menudo desde la infancia, que los llevó a comportarse de manera abusiva en primer lugar. Puede estar seguro de que le harán la partida tan difícil para usted como lo es para ellos. Una vez que haya escapado, el narcisista en su vida simplemente pasará a otra persona, pero antes de que eso suceda, puede esperar una escalada de todos sus peores comportamientos. En los casos más graves, puede estar en peligro real.

Sin embargo, hay maneras de desarmar al narcisista, retroceder lentamente y protegerse. Estos pueden ser aprendidos. Lo más importante es que estas técnicas harán que el proceso sea más fácil y menos angustioso para usted. Con un poco de planificación y tácticas de fácil acceso a sus espaldas, pronto estará esperando un futuro más pacífico, lejos de este individuo dañado y dañino.

- **Cómo ayudar a otras víctimas de abuso narcisista**

Tratar con un narcisista puede hacerte sentir aislado e inseguro de tu propia cordura. Siga leyendo para conocer las herramientas esenciales que lo ayudarán no solo a recuperarse, sino también a detectar los signos en otras víctimas y ayudarlas a liberarse también. Como se sabe más de este tipo de personalidad, espero ver un mundo en el que no se salgan con la suya casi tanto como parecen ahora mismo. Los narcisistas prosperan en el secreto, y al escribir este libro y exponer sus secretos, espero que aprendas de mi trabajo y te vayas sintiéndote mejor equipado para simplemente desentenderte de ellos.

A través de mis escritos, investigación y estudio de este tipo de personalidad en particular, he ayudado a muchas personas a escapar del abuso narcisista. Estar atrapado en una relación con un narcisista es algo que comparo con la analogía de la "rana en la cacerola de agua": cuando la rana se da cuenta de que el agua está hirviendo, ya es demasiado tarde para saltar.

Con un narcisista, se encuentra luchando por escapar, agotado por sus juegos mentales, sus rabietas y sus insultos. Termina dudando de usted mismo. Usted puede sentir que está atrapado en una situación aparentemente interminable y que ya no tiene el valor de escapar.

¡No deje que esto le pase! Edúquese, aprenda las señales que debe buscar y cómo cuidarse y a los demás. Un narcisista tiene el poder de causar grandes daños e incalculables daños a quienes lo rodean, pero no tiene por qué ser así. Son tan fuertes como usted lo permita.

Cuando realmente entiendas este tipo de personalidad, verá que no son tan poderosos como parecen. Usted sabrá exactamente qué decir y cómo comportarse para que simplemente se aburran y pasen a otra persona. En mi experiencia, los narcisistas son muy difíciles, si no imposibles, de tratar.

No cambian y no buscan ayuda. A menudo, están perfectamente satisfechos con el estatus quo y se resisten a cualquier cambio o mayor igualdad en sus relaciones con los demás. ¿Por qué querrían un cambio cuando tienen a todos bailando a su alrededor?

Entonces, por difícil que sea, tampoco tiene sentido desear que cambien, a pesar de lo que pueden prometerte a veces. Nunca cambiarán. Todo lo que puede hacer es aceptar eso e intentar seguir con su propia vida.

Con mi ayuda, usted puede esperar un futuro más feliz. Puedes escapar. Puedes tener una vida libre de drama y de la influencia tóxica de un narcisista. Usted puede sentir mayor satisfacción y una sensación de seguridad y propósito. Y lo que es más importante, te lo mereces. Los narcisistas son muy buenos jugando con nosotros mismos, manipulando a las personas más amables y empáticas para satisfacer sus propias necesidades egoístas. No tiene que ser víctima de esto, y no tiene que involucrarse en sus juegos.

Siga leyendo para saber cómo.

Capítulo 1 - Descifrando el narcisismo

En este capítulo, comenzamos a desentrañar el narcisismo para descubrir qué es, qué lo causa y cómo detectarlo en otros. También vemos el tipo de gente que tiende a caer presa de las artimañas de un narcisista.

Te daremos algunas pistas que debes tener en cuenta cuando conozcas a alguien por primera vez, y comportamientos extraños que debes tener en cuenta. ¡Comencemos!

Los 7 signos de advertencia del trastorno narcisista de la personalidad

El narcisismo es un trastorno de personalidad reconocido que se cree que afecta a alrededor del 6% de la población, aunque muchos de los que lo padecen pueden no ser diagnosticados. Se caracteriza por un grandioso sentido de sí mismo (a menudo muy inmerecido), una necesidad despiadada de explotar a los demás y un fuerte sentido del derecho. Los narcisistas también son propensos a las rabias narcisistas. Desafortunadamente, ellos mantienen su verdadero ser escondido y también pueden ser extremadamente encantadores cuando lo necesitan.

Una vez que sabes qué buscar, los narcisistas suelen ser fáciles de detectar, y puedes mantenerlos a distancia sin ser arrastrado a su mundo. Pero ¿qué está buscando?

Relaciones narcisistas

Siga leyendo para ver los 7 signos clave del Trastorno Narcisista de Personalidad si cree que alguien que conoce o a quien estás cerca puede tenerlo. A ver si algo de eso te parece cierto.

1. Tienen un grandioso sentido de sí mismos

El narcisista siempre tiene que ser el mejor: el más guapo, el más exitoso, el más interesante. Si bien esto puede ser encantador o entrañable a corto plazo, rápidamente se convierte en desgaste para los que rodean a esta persona, ya que luchan por que se reconozcan sus propios logros y necesidades.

Los narcisistas creen que son especiales y únicos. Ellos creen que solo deben asociarse con otras personas especiales y que merecen el mejor trato y atención posibles en cualquier situación. Entrenan a otros a creer esto también, para que antes de que te des cuenta, estés bailando alrededor de esta persona y tratándola con excesivo cuidado, a menudo a un costo considerable para tu propio tiempo, bienestar, energía y crecimiento personal.

También exageran y mienten sobre sus logros, y minimizan, ignoran o se niegan a reconocer los de los demás. Cualquier cosa que haya logrado en son u vida, puedes estar seguro de que el narcisista también lo ha hecho, y lo ha hecho mejor.

Comportamiento narcisista clásico:

Tú: Oh, ¿adivina qué? ¡Mi novela está siendo publicada!

Ellos: Eso está bien. Eso me recuerda que voy a escribir una novela. Me encanta escribir, y siempre fui muy buena en inglés. Todos me decían que debía escribir un libro. ¿Quién es su agente, y puede enviarme sus datos? Me gustaría hablar con ellos sobre mi libro planeado.

2. Viven en un mundo de fantasía

En su propio mundo, son exitosos, maravillosos, y están ahí para ser admirados. Si usted apoya y refleja estas creencias en ellos, disfrutará de su aprobación. Sin embargo, si te atreves a desafiarlos en la verdad o en los detalles de sus muchos logros, prepárate para una reacción violenta. Pronto aprenderás a andar con cuidado alrededor del narcisista para evitar cualquier repercusión o **rabia narcisista**, que conoce pocos límites.

Comportamiento narcisista clásico
Si un narcisista visita su casa, espere alimentarlos, atenderlos, y limpiar después de ellos, y posiblemente prestarles dinero, sin ninguna reciprocidad del favor. Si los visita, espere que le den poco de comer y que simplemente los escuche hablar de sí mismos. Después de todo, tiene suerte de estar cerca de ellos.

3. Requieren grandes elogios y una atención total

Si está en compañía de un narcisista, después de un tiempo empezará a notar algo: todo es de una sola dirección. Simplemente está ahí para escucharlos hablar de lo maravillosos, talentosos y especiales que son. Quieren que usted escuche cuántos amigos tienen y qué tan exitosos son en su carrera.

Trata de obtener algo de ellos o pídeles que te reconozcan de alguna manera y prepárate para frustrarte: el narcisista es simplemente incapaz de prestar atención a los demás. Va en contra de su creencia de que ellos son los que deben ser cuidados, deferidos y mimados. Les resulta increíblemente difícil concentrarse en los demás o reconocerlos.

Relaciones narcisistas

Comportamiento narcisista clásico

Está en una fiesta, celebrando el embarazo de una amiga. El narcisista aprovechará la oportunidad para anunciar sus propios planes para tener un bebé y de alguna manera terminarás bebiendo champán y felicitándolos, mientras ellos se paran en medio del círculo, sonriendo y disfrutando de la atención. Mientras tanto, la amiga embarazada es olvidada.

4. Tienen un sentido extremo del derecho

Por supuesto, todos merecemos ser tratados con respeto y amabilidad, pero un narcisista lleva esto a otro nivel. Puede ser preparado con el tiempo para aceptar sus demandas si las conoce personalmente y acepta que es "tal como son", pero a menudo es asombroso ver su sentido de derecho jugar con otras personas.

A menudo, ver a un narcisista en el mundo es un momento de luz para sus víctimas. Usted también puede ver el comportamiento más apropiado en la forma en que tratan a los demás y se sienten avergonzados por ellos. Usted se sorprendería de su capacidad para hacer las demandas más escandalosas, aparentemente por diversión.

¿Cómo tratan a los camareros, al personal de recepción, a los comerciantes? Pueden ser demasiado amables con aquellos que los tratan con deferencia, pero tenga cuidado si alguien se atreve a ponerlos en su lugar o se niega a ayudarlos con sus demandas, a menudo irrazonables.

Comportamiento narcisista clásico

Está en una ciudad extranjera y busca un banco. El narcisista entra en un hotel cercano y le exige al recepcionista que busque las direcciones de un banco, las anota y luego, como idea de último momento, les da instrucciones detalladas sobre varios museos locales. Si la recepcionista se niega a ayudarlos, se sentirán extremadamente enojados y se volverán groseros y petulantes, y se quejarán amargamente de lo irrazonable que fue la persona.

5. Explotan a los demás sin culpa ni vergüenza

Todos somos culpables a veces de sobrepasar la marca con otros, y para la mayoría de la gente, una vez que nos damos cuenta de esto, nos disculpamos y hacemos las paces. Podemos sentir vergüenza o culpa y jurar aprender de nuestro error y hacerlo mejor la próxima vez.

Pero para el narcisista, no hay sentido de culpa o vergüenza. Solo hay rabia y un sentido de feroz injusticia si se les llama por su comportamiento - después de todo, son *especiales*. Se les permite romper las reglas. A diferencia de la gente normal, el narcisista está constantemente buscando una forma de entrar - y son muy buenos jugando con la cortesía y generosidad natural de la gente para satisfacer sus propias necesidades.

Los narcisistas no ven ningún sentido en ayudar a otros por su propio bien. Lo único que les importa es satisfacer sus propias necesidades, y están preparados para comportarse tan mal como necesitan para que esto suceda. Lo único que puede detenerlos es la preocupación de que vayan demasiado lejos y pierdan el acceso a la persona o cosa que están explotando: entonces, y solo entonces, se retirarán temporalmente para que puedan seguir consumiendo y abusando en el futuro.

Comportamiento narcisista clásico

Un narcisista aceptará su oferta para salir por el día, pero "olvidará" su billetera. Terminará pagando su almuerzo, bebidas y tarifas de entrada. Sin embargo, en el último momento, en una tienda, de repente "encontrarán" su billetera y se comprarán una bolsa nueva con todo el dinero que les ha ahorrado. En el tren de regreso a casa, mencionarán que le devolverán el dinero, pero que nunca volverá a ver ese dinero ni le agradecerán que los haya tratado todo el día.

O digamos que conoce a alguien en una fiesta que es amigo de un amigo. Te llenan de atención y a través de su amigo, rastrean su correo electrónico o número de teléfono. Antes de que se dé cuenta, están de paso por tu ciudad - porque tuviste una gran charla en la fiesta, ¿está bien si se detienen en tu casa, a la hora del almuerzo? Antes de que te des cuenta, les das de comer y los escuchas hablar de sí mismos durante dos horas, les prestas un libro y les ayudas a resolver un problema con su teléfono, todo en tu día libre.

6. Ellos intimidan, menosprecian y humillan

Para controlar a los demás, es necesario que se sientan pequeños y débiles, y nadie lo hace mejor que un narcisista. Son expertos en cazar tus puntos débiles o sensibilidades y luego usar este conocimiento para intimidarte y humillarte cada vez que parezca que te estás adelantando. Para ellos, todo es un juego. Les gusta hacer que otros se sientan pequeños porque los hace sentir poderosos, y les conviene hacer esto a los que están cerca de ellos porque los hace más fáciles de controlar.

Comportamiento narcisista clásico

Está vestido y se siente bien con usted mismo, y el narcisista hará un comentario sarcástico sobre su apariencia, se reirá de usted o simplemente se negará a reconocer el esfuerzo que has hecho. Si pareces demasiado confiado, te harán un comentario desagradable sobre tu cabello o tu ropa para bajarte los humos.

7. No tienen empatía

Esta es quizás la característica más escalofriante de un narcisista, así como su rasgo central. Carecen de empatía básica y simplemente no pueden relacionarse con el dolor de los demás de ninguna manera significativa. Pueden ser capaces de fingirlo, pero en realidad, no sienten nada por el sufrimiento de los demás. Algunos de los narcisistas más malignos (más adelante más información sobre este tema) incluso parecen sentir una extraña alegría al ver sufrir a quienes los rodean.

Comportamiento narcisista clásico

Acaba de romper con su novio. Comparte los detalles con el narcisista y no recibe ninguna simpatía o consuelo a cambio, solo un aburrido comentario sobre cómo la relación se estaba alargando de todos modos y cómo pareces ser siempre tan desafortunado en el amor. Cambian de tema para hablar de lo bien que va su propia relación.

¿Qué causa el narcisismo?

Muchos psicólogos creen que el narcisismo tiene sus raíces en la infancia. A menudo, parece estar relacionado con una combinación de asfixiar a un niño con amor y aprobación, y también de descuidarlos. Los narcisistas pueden haber sido enviados a un internado, por ejemplo, por lo que tienen unas vacaciones de lujo y privilegio entremezcladas con largos períodos de atención institucional en los que se sienten solos y abandonados por sus padres.

Los niños pequeños tienden a ser bastante egoístas y faltos de empatía, ya que son rasgos que disminuyen con la madurez. El narcisista, sin embargo, nunca parece aprender a ser más amable. Es posible que se hayan consentido demasiado cuando eran niños y se les haya permitido escapar con el asesinato, pero también fueron descuidados por sus principales cuidadores, y nunca aprendieron a sentir empatía o pensar en el impacto de su comportamiento en los demás.

A veces les sucede algo que es tan traumático que permanecen atrapados en una forma egoísta e inmadura de tratar con los demás. Adulto, pero comportándose como un bebé. Una vez más, esto puede deberse a que sus cuidadores no les dan las herramientas para tratar bien a los demás.

Como con todos los rasgos de personalidad, es imposible decir cuánto se puede atribuir a las experiencias de la infancia y cuánto es simplemente temperamento y genes. Lo que importa para los que rodean al narcisista es cómo tratar con él o ella, no qué causó que fueran como son.

Es importante recordar, sin embargo, que las raíces del narcisismo en la infancia significan que es un aspecto fundamental de la naturaleza de esta persona, no algo que pueda cambiar, y que de ninguna manera es culpa suya. Te resultará muy difícil, si no imposible, cambiar a un narcisista. Todo lo que puedes hacer es cambiar la forma en que reaccionas ante ellos.

¿Cuándo es narcisismo y cuándo es solo confianza o arrogancia?

Se estima que alrededor del 6% de la población adulta sufre de narcisismo. Pero ¿qué lo hace diferente de la arrogancia que vemos en la cultura popular? ¿Qué distingue al narcisismo de la cultura de la autopromoción y de la autopromoción y de la exhibición que vemos en los medios sociales, por ejemplo?

La diferencia a menudo radica en la autenticidad de esta confianza: si es genuina, tiende a no causar problemas. Pero si esconde a una persona mucho más incierta, puede ser un desastre. Aunque no hay nada malo en demostrar confianza en uno mismo en la vida, aunque a veces se convierta en arrogancia, el narcisismo es algo diferente. Sufren de celos y son "cucharones de balde" crónicos - siempre buscando sumergirse en el balde de autoestima de otra persona en un intento fallido de llenar el suyo propio.

El narcisista carece totalmente de cualquier forma de confianza en sí mismo - en el fondo, son en realidad un niño muy pequeño y asustado. Su grandioso comportamiento es defensivo y una forma de protegerse de más daños. Lo que parece un comportamiento con derecho es en realidad un acto, ocultando a alguien con muy poca autoestima.

Esto no es verdadera autoconfianza, que es un rasgo que generalmente hace que la gente sea más agradable de estar cerca. Usted también puede ser una persona arrogante a veces, pero aun así ser una pareja amorosa, por ejemplo. Un narcisista, por otro lado, tiene un trastorno de personalidad y es difícil, si no imposible, tener una relación saludable y mutuamente satisfactoria con ellos.

4 tipos de narcisistas de los que usted necesita mantenerse alejado

Los narcisistas vienen en diferentes formas, y algunos son más fáciles de detectar que otros. Sin embargo, vale la pena evitarlos todos. Aquí hay cuatro tipos reconocibles y qué buscar en cada uno:

1. Narcisistas abiertos

Hacen la vida (relativamente) fácil en el sentido de que puedes verlos a una milla de distancia. Este es el tipo de personas que se jactan en Twitter de sus últimos logros o mienten sobre el precio de su coche, o sobre cuánto ganan.

Los narcisistas abiertos también son propensos a las explosiones y fusiones públicas, lo que hace que sean fáciles de observar y evitar. Pueden ser muy encantadores y seductores cuando quieren algo, pero una vez que lo tienen, siguen adelante.

2. Narcisistas encubiertos o en el armario

Estos tipos son más difíciles de detectar y mejores para ocultar su verdadera naturaleza. Pueden presentarse como santos, haciendo mucho trabajo por caridad y buenas obras de alto perfil. Sin embargo, rasca esa superficie prístina o consíguela sola y encontrarás un narcisista.

3. Narcisistas tóxicos

El narcisismo, como todos los rasgos de personalidad, existe en un espectro. Un poco es saludable, un poco más molesto, pero mucho - peligroso.

Los narcisistas tóxicos se encuentran en el extremo más extremo del espectro, así que prepárate para el drama si dejas que uno de ellos entre en tu vida. Pueden ser rencorosos, extremadamente desagradables o intimidantes y, en general, hacen que su vida sea extremadamente difícil.

4. Narcisistas psicopáticos

Realmente espero que nunca conozca a uno de estos personajes. Son verdaderamente peligrosos, no muestran empatía ni remordimiento, y buscan activamente imponer el sufrimiento a los demás. Los asesinos y los abusadores peligrosos caen dentro de esta categoría. Disfrutan del sufrimiento de los demás y son como vampiros en su consumo de miseria y dolor.

Los 4 tipos de personas que atraen a los narcisistas

Una cosa que hay que entender sobre los narcisistas es que tienen muy poco sentido de sí mismos. En lugar de desarrollar una autoestima normal y saludable, terminaron siendo adultos sintiendo que ambos eran especiales pero muy incomprendidos, una combinación extraña y no muy feliz.

Lo que les atrae, al igual que a los vampiros, son las personas con un buen sentido de sí mismas y una cierta empatía hacia los demás. Un narcisista querrá beneficiarse tanto de tu amabilidad como también aplastar tu autoestima para que les des más de tu energía. Se alimentan de los buenos sentimientos de los demás porque no tienen nada propio a lo que recurrir.

Uno de los términos que oirás en relación con los narcisistas es "suministro". "Pero ¿qué es? Esencialmente, el **suministro narcisista** es lo que ellos quieren de ti - el suministro para ellos es atención, drama, enfoque, energía. Puede que hayas oído la frase "me estaba chupando la vida". "Esto es lo que se siente al estar con un narcisista durante mucho tiempo - te sientes obligado a darles tanto de ti mismo, mientras que te devuelven muy poco, y terminas sintiéndote agotado.

Aquí están 4 de las características que se encuentran en aquellos que caen presa de los juegos mentales del narcisista. Tenga en cuenta, sin embargo, que usted no tiene que ceder ante ellos. Si aprendes a reconocer a un narcisista, puedes poner buenos límites y protegerte. En los capítulos siguientes, le mostraremos cómo hacerlo.

1. Alguien exitoso y talentoso

Aunque nunca logrará que el narcisista lo admita, es posible que se dirijan a usted porque perciben que tiene éxito o talento de alguna manera. Incapaz de lidiar con sus sentimientos de celos, ellos harán un juego para derribarte, humillarte y destruir tu confianza como una forma de sentirse mejor consigo mismo.

¿Esto realmente funciona para ellos? No. Pero recuerda, el narcisista es muy inmaduro. Son como un niño de cuatro años estampando en el castillo de arena de otro niño, que desearían haber construido ellos mismos. Llevar a alguien más puede darle un alivio temporal, pero muy pronto, esos sentimientos de envidia e incompetencia regresarán. Si estás cerca cuando lo hagan, prepárate para ser atacado una vez más. Este es el ciclo del abuso narcisista, y pronto llegarás a reconocer que los días buenos siempre van seguidos de los malos.

Los narcisistas también se sentirán atraídos por las personas exitosas porque sienten que pueden aprovecharse de tus contactos y talentos para beneficiarse a sí mismos - por ejemplo, acudiendo a tus eventos profesionales y usando su conexión contigo para conocer gente y tratar de promover sus propios intereses.

2. Alguien que hace que el narcisista se sienta bien consigo mismo

Una vez más, usted encontrará que las personas que se sienten bien consigo mismas tienden a estar dispuestas a prestar esa misma energía a los demás. Así que le hacen cumplidos a la gente o le hacen gestos amables en la creencia de que así es como te comportas en la vida. Desafortunadamente para ellos, el narcisista querrá más y más de estas bondades, hasta que el dador se sienta agotado y agotado por ellos. Los narcisistas son pozos de necesidad sin fondo, y si les das una mano, ellos tomarán un brazo.

Relaciones narcisistas

Una vez más, no puedo enfatizar lo suficiente lo importante que es no mirar las palabras de alguien - que pueden ser muy encantadoras cuando es necesario - sino cómo te sientes a su alrededor. ¿Te sientes nerviosa? ¿Se siente agotado? Si usted es alguien que tiende a ser amable y dar, tenga en cuenta que a veces, por su propio bien, necesita contenerse.

3. Alguien que los haga lucir bien

No se trata de usted, se trata de ellos. Así que, si tiene algún talento, o eres guapo, o impresionante de alguna manera, puede encontrar a un narcisista uniéndose a usted y alimentándose de su gloria reflejada. Usted puede encontrar la atención halagadora, pero después de un tiempo, usted querrá quitársela de encima. Ahí es cuando te das cuenta de que no es tan sencillo como tratar con una persona normal.

4. Alguien que los consiente y aguanta su comportamiento.

Tenga cuidado de no ser demasiado amable o comprensivo con un narcisista. Si bien las personas normales no aprovecharán su amabilidad, puede estar seguro de que este tipo de personalidad lo hará. Básicamente se alimentarán de su buena voluntad y atención, necesitando más y más. Y si intenta retroceder o establecer algunos límites, prepárese para los problemas.

Así que ahí lo tienes. Con este capítulo, hemos analizado lo que hace que alguien sea un narcisista y qué tipo de gente se siente atraída hacia él. Sigue leyendo para saber qué hacer si acaba de darse cuenta de que tiene un narcisista en su vida.

Capítulo 2 - Mantenerse un paso adelante

Los narcisistas son muy hábiles en la manipulación, por lo que es demasiado fácil pasar por alto las primeras señales de advertencia de que estás en una situación peligrosa con alguien que parece perfectamente normal y encantador.

Sin embargo, con lo que puedes armarte son algunas señales que debes tener en cuenta cuando acabas de conocer a alguien y te preguntas si es "todo en tu cabeza" o no. Los narcisistas no son tan inteligentes como creen, y pronto aprenderás a detectar algunos rasgos y señales comunes.

En este capítulo, también veremos algunas de las tácticas utilizadas por los narcisistas para manipularte, y algunas de las frases comunes que probablemente oirás de este tipo de personalidad.

Finalmente, veremos la rabia narcisista y sus desencadenantes. Esta es una sección importante para leer ya que, si no la has experimentado antes, una rabia narcisista puede llegar a ser un gran shock. Te quedarás preguntándote qué has hecho mal y cómo puedes arreglarlo.

11 maneras de saber que tiene una relación con un narcisista

1. Parecen absolutamente encantadores al principio.
Ya sabe lo que dicen de algo o alguien que parece demasiado bueno para ser verdad. Normalmente lo son. Si alguien es tan dulce, agradable y está tan encantado con todo lo que dices y haces, debería hacerte sentir un poco.... cauteloso. Nadie es tan amable, ¿verdad? ¿Cuándo va a cambiar esto?

Confíe en sus instintos. Esto no puede ser lo suficientemente estresado. Es posible que esté siendo preso de los **bombardeos amorosos**, que es exactamente lo que parece: estar absolutamente asfixiado por el amor y la admiración.

No solo mire lo que alguien dice o hace. Mírelo a los ojos: ¿su expresión coincide con sus palabras? Los narcisistas pueden ser increíblemente dulces y encantadores, pero no pueden ocultar sus ojos fríos. Entonces, si siente que las palabras y la expresión de alguien no se están sumando, no le crea.

Los narcisistas no quieren las mismas cosas de una relación que la gente común. Mientras usted o yo buscamos compañía, conversación, apoyo y risas compartidas, un narcisista se enfoca solo en lo que puede obtener de usted - sea esa atención, gloria, tiempo, energía, dinero y estatus.

Tienden a ver a los demás solo en términos de lo que pueden hacer por el narcisista, no como alguien que comparte una relación de apoyo mutuo. Así que cuando alguien parece decidido a ganarte, a estar bombardeándote con textos y declaraciones de afecto, da un paso atrás. Disfrute de la atención, por supuesto, pero tómelo con un grano de sal. El tiempo lo dirá.

2. Son increíblemente egoístas
Este es un rasgo compartido por todos los narcisistas, y uno que se manifiesta en grandes y pequeñas maneras. Fíjese cómo es estar con ellos - ¿es usted el que está escuchando, o ellos escuchan de nuevo (y con eso quiero decir, escuchando activamente, reflejando lo que usted dice y pareciendo genuinamente involucrarse con usted como persona)?

¿Terminas dando más: más dinero, más trabajo, más energía emocional? Cuando te alejas de ellos, ¿te sientes inspirado y animado, o simplemente agotado? Un narcisista puede ser encantador y divertido, pero también tiene una manera de tomar todo el oxígeno disponible en una habitación, de hacer todo sobre ellos. Es posible que no lo note de inmediato, especialmente si es alguien a quien le gusta dar, pero simplemente comienza a notarlo y puede ver emerger un patrón de comportamiento egoísta.

Otro punto aquí: mire cómo se comportan cuando no hay nadie cerca. Pueden ser buenos en los grandes gestos cuando tienen público, pero ¿cómo lo tratan de la misma manera cuando están los dos solos?

3. Se preocupan más por la imagen de su relación que por la realidad.

Una vez más, se trata de la obsesión del narcisista por las apariencias. Los narcisistas tienden a ser a la vez reservados y obsesionados con su imagen pública. Puede que hayas estado discutiendo con ellos esa mañana, pero aun así publicarán una foto de ustedes dos en sus cuentas de medios sociales y presentarán una imagen perfecta de su relación con los demás.

Con la mayoría de la gente, la vida es de tonos grises. Pero con este tipo de personalidad, su necesidad de ser el mejor, el más popular, exitoso y atractivo triunfa sobre su necesidad de cualquier tipo de autenticidad. Una de las cosas que sorprenden a las personas en una relación con un narcisista es que cuando hablan con los demás sobre lo mal que va la relación, a menudo se encuentran con sorpresa.

"¡Pero ella siempre habla tan bien de ti!" es una respuesta común. Esto se debe a que los narcisistas quieren dar la impresión de que se llevan bien con todos y de que comparten una intimidad maravillosa con los demás. Además de querer preservar su imagen de sí mismos como una persona maravillosa y popular, esto también significa que los demás no le creen cuando diga que la relación no es tan maravillosa como parece. Así que terminaría sintiéndose aislado y confundido, ¿estás imaginando cosas? (La respuesta es no.)

4. Son críticos con todo lo que haces

A un narcisista le gusta controlar a los demás para sentirse más seguro de sí mismo, y una forma de hacerlo es criticar y encontrar fallas en todo lo que haces. El resultado es que te sientes nervioso, como si estuvieras caminando sobre cáscaras de huevo, tonificándote para evitar más comentarios negativos.

Tenga cuidado con esos pequeños comentarios sobre lo que lleva puesto, su cabello, sus opciones de carrera y pequeñas decisiones diarias: pueden parecer inofensivas por sí solas, pero pueden empezar a sumar y desgastar su autoestima, lo que hace que el narcisista sea mucho más poderoso que usted

Si está en una relación romántica, mire cómo alguien se siente al principio de su relación - ¿encontraron maravilloso todo lo que hiciste? Si eso empieza a cambiar, puedes dudar de ti mismo. ¿Qué estás haciendo mal? ¿Cómo puedes arreglarlo, para que vuelva a ser como al principio?

¡Deje de pensar así! El problema no es usted.

5. No puede discutir con ellos.

Con las personas normales, discutir puede no ser agradable, pero con un poco de toma y daca, puedes aceptar estar en desacuerdo o pasar a otros temas.

¡No es así con un narcisista! Simplemente son incapaces de comprometerse o de reconocer que están equivocados. Lograr que se echen para atrás es aún más difícil, y nunca, jamás se disculpan. ¿Por qué lo harían? Hacer eso sería admitir que no son perfectos, y para el narcisista eso es imposible de contemplar.

6. Si no está de acuerdo, usted es el problema.

Parte de la incapacidad del narcisista para admitir que ha cruzado una línea o que ha hecho algo malo (lo cual hacen con frecuencia) es que, si no está de acuerdo con ellos, no solo se encontrará con una negativa categórica a reconocer su error. En vez de eso, se encontrará en el mal camino y será atacado. Aquí hay un ejemplo:

Usted: Realmente sentí cuando salimos esta noche que fuiste muy grosero conmigo delante de mis amigos, y eso me hizo sentir mal.

El Narcisista: No sé de qué estás hablando. Eso no es verdad. ¿Por qué estás así todo el tiempo, tan enfadado e hipersensible?

¿Ve la diferencia? Una persona normal escucharía, reflexionaría sobre su comportamiento y se disculparía. Un narcisista no solo rechazará lo que estás diciendo, sino que irá más allá y se dará cuenta de que eres tú el que tiene problemas emocionales.

7. No tienen ningún amigo cercano.

Un narcisista puede tener muchas personas a su alrededor que los admiran, bromean con ellos en los medios de comunicación social y como sus numerosas selecciones en Instagram. ¿Pero tienen viejos amigos de la escuela? ¿Personas que han estado en su vida durante mucho tiempo? ¿O es todo superficial?

Los narcisistas tienden a quemar muchos puentes, así que si conoces a alguien y parece que no tiene amigos, toma nota. Puede ser que traten tan mal a todos que no puedan mantener relaciones largas.

8. Todos sus ex están locos
Como regla general, si oyes esto, corre una milla. A menudo, el ex puede haber sido un poco loco por el comportamiento del narcisista, pero desde entonces se ha recuperado y ha seguido adelante. Si alguien parece obsesionado con hablar de su ex y su locura, es una gran alarma roja, y usted debe escuchar. O serás el próximo loco.

También tenga cuidado con la persona que pone toda la culpa en una relación fallida con el ex. Por lo general, una relación fracasa debido a problemas o diferencias compartidos. Es raro que una persona sea mala y que la otra sea inocente. Si así es como un ex está siendo presentado, usted puede estar en presencia de un narcisista.

9. De repente son más agradables cuando se aleja
Los narcisistas son vampiros emocionales. No les importas como persona, pero sí les importa mucho tener acceso a tu tiempo, dinero, presencia y energía.

Si alguien lo trata mal o de repente muestra su verdadero yo, es natural que te alejes. La otra parte puede notar y disculparse, tal vez, y ambos seguirán adelante. Con un narcisista, sin embargo, son incapaces de disculparse y reflexionar.

Lo que harán, sin embargo, es atraerlo de vuelta con amabilidad, atención extra y encanto. Usted sabrá en el fondo que está siendo engañado, pero también acogerá con agrado el comportamiento más razonable, se sentirá aliviado y tratará de superarlo. Y así el ciclo comenzará de nuevo.

10. Discutirán cuando los dejes.
Las relaciones terminan, y a veces es difícil salir en buenos términos. Pero si una relación ha seguido su curso, se puede hacer, particularmente si ambas partes están comprometidas a ser amables y a seguir adelante con sus propias vidas. Sin embargo, trate de alejarse de un narcisista y esté preparado para mucha resistencia.

Es posible que se vea bombardeado con llamadas telefónicas, mensajes de texto e incluso que aparezcan en la puerta de su casa. También enviarán "monos voladores", es decir, gente que cree en la versión narcisista de los hechos y que será convencida por el narcisista para que te llame y te provoque sentimientos de culpabilidad y la obligación de darle otra oportunidad al narcisista. Incluso si ya no quieren estar contigo, te mantendrán colgado porque no quieren verte con nadie más.

A veces la gente decide que es más fácil rendirse por el bien de una vida pacífica - particularmente si otras personas están siendo atraídas por el drama - y así el ciclo comienza de nuevo. Una vez que los haya devuelto, puede estar seguro de que el ciclo de indiferencia y maldad comenzará nuevamente. Pronto, probablemente te encuentres castigado en algún momento por intentar liberarte.

11. Se sientes mal con usted mismo cuando está cerca de ellos.
Se ha dicho que puede que olvide lo que alguien te dijo, pero nunca olvidará cómo lo hicieron sentir. Si alguien lo hace sentir exhausto, agotado, irritable, deprimido o inseguro, tome nota. Estos nunca son buenos signos en una relación.

Un narcisista genuino también puede hacer que te sientas asustado - en su lenguaje corporal y en la energía que están emitiendo. Mientras que sus palabras pueden estar transmitiendo una cosa, su presencia física y sus ojos pueden estar diciendo algo muy diferente.

Siempre vale la pena escuchar su instinto en estas situaciones y tomar nota de sus reacciones corporales, así como de sus pensamientos más lógicos: son igualmente importantes y, a menudo, su instinto es perfecto.

Si nota que se siente ansioso o con los nervios de punta alrededor de alguien, puede que no sea un narcisista, pero aun así necesitas reconocer esos sentimientos y establecer los límites apropiados, incluso desconectarte con elegancia. Usted no necesita tener un gran enfrentamiento - a veces, simplemente bajar el volumen de una relación es todo lo que necesita hacer para protegerse.

Tácticas de manipulación peligrosas utilizadas por narcisistas

Los narcisistas tienen una serie de tácticas que utilizan regularmente para atraerte a su mundo y mantenerte allí. Lo que es diferente de las relaciones ordinarias es que siempre hay un elemento de control con un narcisista.

Mientras que en una relación típica hay concesiones mutuas, y una construcción gradual de intimidad y confianza, con un narcisista todo se desarrolla de una manera que te deja emocionalmente vulnerable, debilitado y en una verdadera desventaja. Busque estas tácticas en su relación y vea si nota algo familiar - si lo hace, es posible que necesite salir de su situación actual.

1. **Refuerzo intermitente**

Esto es cuando alguien lo trata bien, pero solo *a veces*. Usted puede tolerar todo tipo de comportamiento desaliñado -llegar tarde, mostrar poco interés en su vida, comentarios sarcásticos e intimidación- y luego, de vez en cuando, le sorprende lo amable, cariñoso y comprensivo que puede ser.

Esto tiene un efecto notable en su estado mental. Se sentirá silenciosamente socavado por ellos, por sus comentarios y su comportamiento. Comenzará a cuestionar cada uno de sus movimientos y a caminar sobre cáscaras de huevo alrededor de ellos para evitar más críticas. Usted puede incluso encontrarse constantemente pensando en maneras de complacerlos.

Sin embargo, después de un tiempo, es posible que de repente sienta que ya ha tenido suficiente. Nada de lo que haces parece complacerles. Usted pasa tiempo con otras personas y se da cuenta de lo extraño que es su comportamiento en comparación. Empiezas a preguntarte si tal vez sería mejor que te distanciaras un poco.

¡Bingo! En este punto, **el refuerzo intermitente se** activará. De repente le sorprenderá lo comprensivos, receptivos e increíblemente agradables que son. Justo cuando empiezas a relajarte y a pensar, *wow, son realmente adorables*, el mal comportamiento comenzará de nuevo. Esta es una herramienta muy inteligente, porque la gente está naturalmente conectada para volver por más cuando alguien la deja colgada.

Tratarlos mal, mantenerlos entusiasmados, desafortunadamente, funciona para muchos de nosotros. Otra palabra para esta táctica es **aspirar** - una vez que sepan que han ido demasiado lejos, empezarán a tratar de aspirarte de nuevo bajo su pulgar con una amabilidad inesperada y una charla dulce.

Relaciones narcisistas

Pero esta no es manera de vivir y tiene un gran costo emocional. Si alguien es amable contigo, pero solo *a veces*, toma nota. No es un comportamiento saludable o normal, y te mereces mucho más. En las relaciones genuinas, las personas se tratan bien. Si no lo hacen, por alguna razón, lo reconocen y se disculpan. Si se encuentra siendo tratado mal por las personas cercanas a usted, hay un gran problema.

2. Luz de gas (Gaslighting)

Este término *gaslighting* deriva de la película de 1944, *Gaslight*. En ella, el marido abusivo manipula ingeniosamente a su esposa para que crea que se está volviendo loca al cambiar su entorno de todo tipo de maneras sutiles. En su casa, las luces de gas se oscurecen sin razón aparente, las cosas desaparecen, los cuadros desaparecen de las paredes. Nunca sabe si las cosas están cambiando a su alrededor o si todo está en su cabeza. Los narcisistas **gasean a** los que les rodean regularmente de todo tipo de maneras.

Los encendedores de gas te hacen dudar de tu propia cordura y te mantienen en un terreno inestable al decir mentiras descaradas que luego niegan, haciendo ver que tú eres el loco. Algunos ejemplos de iluminación de gas en una relación moderna podrían ser:

Ejemplo uno:

Su encendedor de gas le dice algo desagradable sobre usted - por ejemplo, que una vez le diste una bofetada en la cara - y cuando dices, *no, nunca hice eso*, dicen - *pero lo hiciste!*

Se pregunta si simplemente lo ha olvidado, o si realmente le dio una bofetada en la cara. Sabe que no está en su naturaleza golpear a alguien, pero parece tan seguro de que es verdad. ¿Quién tiene razón?

Ejemplo dos:

Su encendedor de gasolina dice que lo llevará a almorzar el fin de semana. Cuando lo menciona para acordar una hora, él dice, *no, nunca estuve de acuerdo con eso. Estoy ocupado todo el fin de semana.*

No quiere presionarlo, porque sabe lo molesto que puede llegar a estar si lo desafían, pero al mismo tiempo, lo esperabas con ansias. Y seguramente, si lo ofrecía, lo recordaría. En última instancia, es más fácil dejarlo ir, pero te deja sintiéndote extrañamente maltratado.

Ejemplo tres:

La iluminación a gas también puede tener lugar alrededor de los límites. Digamos que tu amigo te pregunta si puede quedarse contigo una semana. Cuando después de dos semanas no muestran signos de irse y usted los presiona para una fecha final definitiva, se ponen furiosos sobre lo irrazonable y poco acogedor que está siendo.

Te preguntas si estás siendo irrazonable. Después de todo, dijeron que solo vendrían por una semana, y ahora ya han pasado dos. ¿Seguro que es razonable preguntar eso? Pero parecen tan enfadados, así que tal vez sea grosero de tu parte. Tal vez estás siendo egoísta, como dicen. No, no lo es, y no lo eres. Te estás quedando sin aliento.

Es importante señalar aquí que la gente puede olvidar lo que dijo o ser vaga por otras razones perfectamente inofensivas. Pero ten cuidado si empiezas a notar un patrón - lo que se dice parece cambiar constantemente, o no recuerdas haber dicho o hecho ciertas cosas de las que te acusan, o sientes como si te estuvieran manipulando de alguna manera.

Gaslighting es increíblemente difícil de decir porque es el trabajo de la gente que se propone engañarte deliberadamente, no el trabajo de seres humanos justos y razonables. En realidad, lo mejor que puedes hacer si te das cuenta de que la luz de gas es irte - nunca ganarás con alguien que se niega a jugar limpio.

3. Proyección

Cualquier cosa que a un narcisista no le guste de sí mismo, se proyectará en usted y en los demás. Así que mientras que los narcisistas son algunas de las personas más egoístas que puedas conocer, también son los primeros en acusar a otros de ser egoístas. Pueden ser personas en su círculo, o pueden ser políticos o figuras públicas.

Por ejemplo, una mujer narcisista puede hacer comentarios frecuentes acerca de que "todos los hombres son un poco estúpidos", pero es la primera en gritar sexismo si un hombre no los llena de admiración y atención indivisa.

También lo acusarán de ser un mentiroso si los llama por sus propias mentiras. Nunca jamás oirá una admisión de culpabilidad. Todo lo que oirá es una negación categórica, seguida de una declaración de que los está atacando injustamente con *tus* mentiras.

Los narcisistas no pueden reflexionar sobre su comportamiento y admitir que están equivocados. Mucho más fácil echarte la culpa y la vergüenza de asistir, y verse a sí mismos como la parte herida.

4. Conversaciones sin sentido

Con la mayoría de las personas, si usted tiene un asunto que le gustaría discutir con ellos -quizás para tratarle a usted o a su relación- usted esperaría que ellos lo escucharan, reflexionaran y respondieran apropiadamente. ¡No así el narcisista! (¿Ve ya un patrón?)

Una de sus tácticas más exasperantes es bañarte con **ensalada de palabras** cuando intentas conversar con ellos sobre algún aspecto de su comportamiento que te resulta difícil. Prepárese para ser bombardeado con observaciones extrañas, anécdotas no relacionadas y oraciones extrañamente redactadas que no tienen mucho sentido. Dejará la conversación pensando: "¿Qué acaba de pasar?" mientras el narcisista sigue su camino alegre, sabiendo muy bien lo que ha hecho.

Si los confronta, se encontrará con una negación rotunda. Y, muy probablemente, otro generoso servicio de ensalada de palabras. Entonces, realmente, no tiene sentido entrar en ningún tipo de desacuerdo con un narcisista. Es como tratar de discutir con un niño pequeño: no llegas a ninguna parte.

Otra cosa para tener en cuenta aquí es que los narcisistas disfrutan de la confrontación y la discusión. Los dispara para ganar y dejar que te sientas como el malo. Entonces, lo mejor que puede hacer es evitar discutir con ellos, y más adelante, aprenderemos algunas tácticas para hacerlo.

5. Amenazas vagas o abiertas

Los narcisistas tienden a ser posesivos y celosos, pero no siempre salen y admiten que se sienten así. En lugar de eso, usted recibirá una vaga sensación de malestar si hace algo que ellos no aprueban: enfurruñarse, un tono de enojo o una rabieta acompañada de amenazas.

Cosas que usted esperaría que sus amigos celebren - un nuevo trabajo, algunas noticias personales emocionantes - los dejarán sintiéndose inadecuados y abandonados. No les gusta el éxito de los demás, ya que atrae la atención de los demás, por lo que encontrarán todo tipo de formas de hacer estallar el globo.

Si siente que tiene que caminar sobre cáscaras de huevo alrededor de alguien por miedo a su enojo, o si deja de hacer cosas que normalmente disfrutaría, como salir con sus amigos porque le preocupa que pueda meterse en problemas, tome Nota. Este no es un comportamiento normal o justo, y refleja el deseo infantil del narcisista de que siempre te concentres en ellos, y no en otras cosas o personas que te hagan feliz.

Sí, es una pena que reaccionen tan mal, especialmente si el narcisista es un miembro de la familia, por ejemplo. Pero no cambiarán, así que lo mejor que puedes hacer es compartir tus buenas noticias solo con aquellos que sabes que querrán celebrar contigo. Ignora cualquier amenaza y grita cualquier enfurruñamiento - no necesitas aguantarlo.

6. Cautivar, avergonzar, insultar y maldecir

Todas estas tácticas son utilizadas por los narcisistas, a menudo de maneras sutiles que te dejan preguntándote si eres hipersensible o simplemente imaginando cosas. A los narcisistas les encanta **acosar**, lo que significa decir algo con la intención de golpear tus puntos débiles o provocar ira. Muerdes el anzuelo, y de repente estás siendo difícil y creando un drama de la nada.

Mientras que la mayoría de las personas, incluso si conocen tus puntos débiles (y todos los tenemos) se cuidan de pisarlos con cuidado, los narcisistas son todo lo contrario. Ellos aprenderán las cosas sobre las que usted se siente sensible y tendrán gran placer en hacer que usted se sienta peor acerca de ellas, todo para hacerse sentir más poderoso.

Insultar y **avergonzar** son el mismo tipo de tácticas - un narcisista descubrirá hábilmente tus puntos débiles o las cosas de las que te sientes cohibido, y luego usará este conocimiento para insultarte y avergonzarte más tarde. A menudo, esto puede ser en forma de chistes, de modo que, si usted se atreve a quejarse, se le dirá que no tiene sentido del humor, lo que añade un insulto a la lesión.

5 cosas que a todo narcisista le gusta decir

Los narcisistas tienen un libro de jugadas muy predecible, y debido a que sus tácticas son tan similares, a menudo aquí las mismas declaraciones de ellos una y otra vez.

1. **"Eso no sucedió" y "Te lo estás imaginando"**

Ambas son declaraciones clásicas de los narcisistas que sustentan gran parte de su iluminación de gas, como describí anteriormente. Si cuestiona algo que el narcisista ha dicho o hecho en el pasado, quizás a la luz de nueva información y porque contradice lo que está diciendo ahora, simplemente lo negarán. La negación es una de sus primeras defensas porque, a diferencia de la gente normal, no tienen reparos en mentir abiertamente para salvar su propio pellejo.

Si usted puede probar sin duda alguna que ellos hicieron algo, su defensa final será que usted se lo merecía, a menudo por razones espurias o no relacionadas (recuerde que ellos también usan **ensalada de palabras**).

2. **"Estás loco"**

Debido a que los narcisistas son incapaces de aceptar sus fallas y vulnerabilidades ordinarias, prepárate para que te digan que estás loco si te atreves a cuestionar su versión de los hechos. Puede que no lo digan directamente, pero es posible que te recuerden esa época en la que estabas muy deprimido, o que se refieran en términos generales a personas que están locas, pero de una manera que te hace sospechar que se están refiriendo a ti en particular.

3. "Eres hipersensible"

Si un narcisista va demasiado lejos en lo que dice o en cómo te trata, nunca esperes que se disculpe. Ellos son, a sus ojos, incapaces de equivocarse, por lo que una disculpa está por debajo de ellos.

Lo que oirá, sin embargo, es que eres demasiado sensible. O irrazonable. O que siempre has sido un poco frágil. O de nuevo, mencionarán algún otro momento en que usted mostró vulnerabilidad emocional, como una forma de recordarle que usted no es tan fuerte o capaz como ellos (aunque, por supuesto, mostrar vulnerabilidad no es débil, es un comportamiento humano normal).

4. "¡Era solo una broma! Estoy *bromeando.*"

Además de ser hipersensible, si te ofendes con una de las crueles púas del narcisista, prepárate para descubrir que no tienes "sentido del humor" o que "no puedes aceptar una broma".

Por supuesto, usted podría tomar represalias señalando que lo que dijeron no era realmente gracioso, era simplemente desagradable, intimidatorio o simplemente grosero, pero si lo hace, prepárese para un comportamiento más defensivo.

5. "En mi experiencia..."

O variaciones de lo anterior, pero esencialmente, si habla de algo que está sucediendo en su vida, tal vez un éxito profesional o una anécdota, el narcisista siempre podrá superarlo.

Si usted escribió un libro, ellos escribieron un best-sellers. Si usted tuvo un bebé, ellos tuvieron cinco. Esto se aplica no solo a los logros, sino también al drama. Si le robaron el bolso, ellos se enfrentaron a un ladrón de bancos y le salvaron la vida a alguien. Lo que está sucediendo aquí es que el narcisista es incapaz de soportar la atención que se desvía de ellos - quieren estar centrados en todo momento, quieren ser mejores, quieren ser el héroe en cada historia.

Es posible que no se dé cuenta al principio, por lo que habla un poco sobre usted y hace las preguntas correctas y escucha. Pero pronto aprenderá a guardar silencio sobre sus propios logros porque si habla, se le pondrá en su lugar con un monólogo de diez minutos sobre cómo lo hicieron mejor. Se hace más fácil quedarse callado y ahorrarse el aburrimiento de escuchar su jactancia (de nuevo).

5 desencadenantes de la furia narcisista

Entonces, ¿qué es la rabia narcisista? Piensa en ello como la versión adulta y mucho más aterradora de la rabieta de un niño pequeño. Aunque la mayoría de nosotros nos enojamos de vez en cuando, por lo general somos capaces de calmarnos, calmarnos y tomar medidas para manejar nuestro enojo sin atacar a otros o hacer daño permanente a nuestras relaciones.

La rabia de un narcisista, sin embargo, es algo completamente distinto. Estas personalidades simplemente detestan ser regañadas o desafiadas. Ser confrontado o desencadenado por sus defectos no es agradable para nadie, pero es insoportable para ellos, y te encontrarás con una furia tan furiosa que puedes sentirte agredido físicamente. Lo ideal, según el narcisista, es que aprendas la lección y no la vuelvas a hacer.

O se encontrará con un silencio helado y un tranquilo y pasivo humo agresivo. Lo que no obtendrá es una explicación clara de lo que está sucediendo o un camino a seguir.

Entonces, ¿qué es lo que incita a la rabia narcisista? Esencialmente, cualquier cosa que amenace su visión de sí mismos como seres humanos perfectos, exitosos y extraordinariamente especiales.

Aquí hay algunas maneras seguras de averiguar cuán enojado se puede enojar un narcisista:

1. **Los confrontas por su comportamiento**

Si llama a un narcisista por su comportamiento, prepárese para sufrir. Incluso si da a conocer sus sentimientos de una manera constructiva y diplomática, has roto la regla tácita de que el narcisista nunca se equivoca.

Esté preparado para la negación, la rabia, la proyección y la culpa, pero tenga la seguridad de que nunca verá ninguna forma de reconocimiento de que usted tiene un punto, y tal vez la próxima vez podrían hacer las cosas de manera diferente. Si realmente tienes razón y no tienen una defensa razonable para su comportamiento, su táctica final es derrumbarse en un montón y llorar, para que te veas (y te sientas) como el malo.

2. **Los ignoras**

Si se da cuenta de que está en una relación con un narcisista y decide, por su propia salud mental, retroceder o quitarles algo de espacio, prepárese para ser desafiado. Por encima de todo, los narcisistas odian ser ignorados, y si pones límites razonables alrededor de su acceso a ti, espera que sean pisoteados.

A menudo, esto puede ser con alguien, tal vez un miembro de la familia o una pareja romántica deslucida, que típicamente muestra poco interés en su vida, no hace ningún esfuerzo por estar cerca de usted, y hace comentarios desagradables o críticas a sus elecciones de vida.

Pero si se retira o empieza a evitarlos, eso cambiará. Espere ser bombardeado con llamadas telefónicas, correos electrónicos e incluso visitas no anunciadas a su casa. Esto se debe a que nunca se le permite tomar las decisiones con un narcisista, y siempre debe hacer de ellos el centro de atención.

Y aunque no les gusta estar rodeados de gente en el sentido normal, también necesitan que les des un **suministro narcisista**, que, como ya hemos comentado, es esencialmente tu atención y energía. Si intentas quitárselos, responden como adictos que se ven privados de lo que necesitan. Eventualmente, se darán por vencidos y pasarán a otra persona. Pero antes de que eso ocurra, ¡prepárate para una pelea!

3. Se ríe de ellos

Una cosa que los narcisistas valoran por encima de todo es su imagen pública como alguien especial, inteligente y de alto estatus. Mientras que la mayoría de la gente es capaz de despreciarse a sí misma o de reírse de sí misma de vez en cuando, esto es imposible para un narcisista. Esto se debe a que toca su profunda vergüenza e inseguridad oculta como alguien que es ordinario, a veces asustado, y no particularmente especial o talentoso. Ríete de ellos y prepárate para enfrentarte con una fría furia.

4. No reciben un trato especial

Los narcisistas a menudo tienen a la gente a su alrededor muy bien entrenada para tratarlos como si fueran especiales y únicos. Pero a menudo, cuando se enfrentan a extraños, las cosas no salen como les gustaría. Pueden exigir un trato especial al personal de la tienda o sentarse en primera clase cuando tienen un billete de tercera clase.

Cuando esto sucede, el desconocido desprevenido pronto descubrirá cuán "especial" es el narcisista y se encontrará en el lado receptor del abuso verbal o simplemente más demandas de atención que el narcisista realmente necesita o quiere - solo quiere hacer que esa persona le preste atención. Son el tipo de personas que hacen quejas incoherentes a los departamentos de servicio al cliente, a las empresas de mala fama con revisiones injustas y que se quejan de un servicio al cliente deficiente en lugar de encogerse de hombros y llevar su negocio a otra parte.

En las relaciones personales, también puedes esperar ver rabia narcisista si te retiras o te niegas a prestar atención especial al narcisista.

5. Usted es el centro de atención

Digamos que es su cumpleaños y quiere celebrarlo con una comida o un pastel de cumpleaños. Mientras que la mayoría de la gente está feliz de dejar que la niña o el niño del cumpleaños sea el centro de atención por un día, los narcisistas encuentran esto insoportable. Prepárese para demandas adicionales, enfurruñarse, una rabieta inexplicable o comentarios sarcásticos - porque, por supuesto, todo se trata de ellos.

Otra característica extraña y notable de los narcisistas es que generalmente son muy malos dadores de regalos. Salir, elegir algo que a alguien le encantaría, envolverlo y presentárselo no es algo que los narcisistas vean como algo que valga la pena hacer. Por supuesto, esto por sí solo no significa que alguien sea un narcisista, pero es un rasgo bastante común que vale la pena mencionar.

¿Cuál es el impacto del narcisista en usted?

Esta es una pregunta interesante que vale la pena hacerse. Seguramente, la gente puede ser difícil. ¿Vale la pena interrumpir un matrimonio o una relación romántica o cortar el contacto regular con uno de los padres porque es un narcisista? ¿No es mejor, por el bien de la paz, simplemente soportarlos? Romper familias, dejar atrás a los padres, dejar a tu novio o novia - todas estas son grandes decisiones que hay que tomar con consecuencias que cambian la vida.

¿Es mejor que se quede quieto y se calle?

La respuesta es no. La respuesta es no. El narcisista siempre hará que crea que debe soportarlo, que en realidad no lo dicen en serio, que las cosas serán diferentes en el futuro. Pero no lo harán.

Y cada vez que lo soporta, cada vez que se muerde la lengua y trata de superar los sentimientos de dolor y decepción por una vida más fácil, está haciendo dos cosas:

Está afectando su futuro: su felicidad futura, sus metas y aspiraciones futuras, sus hijos y nietos. Cada vez que permite que el narcisista lo golpee con palabras desagradables y abusos, dejas que él o ella le roben una vida más feliz, más pacífica y productiva.

También está afectando su propia salud y bienestar en este momento. Por supuesto, solo quiere que el comportamiento se detenga, que las cosas vuelvan a la normalidad. La manera más fácil de lograrlo es dejar que gane el narcisista. Pero juega el juego largo. Usted no puede ver el impacto del estrés y el abuso a largo plazo y de bajo nivel en su salud mental, pero asegúrese de que está teniendo un impacto. Tienes la opción de cambiar las cosas. Y te mereces algo mucho mejor.

Relaciones narcisistas

Siga leyendo para descubrir cómo puede elegir mejor para usted.

Capítulo 3 - Cuando es suficiente es suficiente

Así que, si ha leído hasta aquí, puede que se haya dado cuenta de que tiene un narcisista en su vida. La pregunta para usted ahora es, ¿qué va a hacer al respecto?

Puede que no sea práctico romper completamente los lazos con ellos - quizás usted trabaja con ellos, o son un miembro de la familia y la caída será demasiado grande si usted los corta completamente- pero lo que necesita hacer ahora es poner el pie en el suelo. Necesita cambiar la forma en que trata con ellos y prepararse para el retroceso. Necesitas algunas estrategias a tu alcance, y necesitas creer en ti mismo lo suficiente para llevarlas a cabo. Sobre todo, necesitas curarte, practicar el autocuidado y asegurarte de que pones buenos límites para que estés a salvo de cualquier daño en el futuro.

También aprenderá sobre el contrato de conexión y cómo éste puede ayudarle a satisfacer sus propias necesidades. Es posible que descubras, en última instancia, que éste es el primer paso para liberarte completamente de un narcisista.

Sigue leyendo para descubrir cómo tratar con un narcisista y protegerte mientras aún están en su vida.

5 consejos esenciales para tratar con un narcisista de la manera correcta

Antes de ir mucho más lejos, vale la pena aprender los cinco consejos esenciales que puedes tener en cuenta al tratar con narcisistas. Recuerde, usted está tratando con alguien que no tiene una personalidad ordinaria. No siguen las reglas normales de la interacción humana, por lo que también hay que tratarlos de manera diferente. Lo más importante es que usted necesita protegerse a sí mismo del daño a medida que se pone a separarse. Aquí está el cómo:

1. Manténgase callado y siga adelante

Si está trabajando con un narcisista, por ejemplo, puede sentir que es el único que notó cuán superficial es realmente su encanto. Incluso puede ser tentador confrontarlos o expulsarlos a otros.

No lo haga. Espere su tiempo, mantenga la guardia alrededor de ellos, no comparta ningún secreto y permanezca agradable y solo un poco distante. Con el tiempo, la máscara del narcisista comienza a resbalar y ellos se revelarán a los demás. En este punto, usted puede observar desde una distancia segura. Pero no puedes forzar este proceso sin ponerte en peligro.

Si intenta hacer que esto suceda más rápido, corre el riesgo de incitar su ira narcisista y hacer que se vuelvan contra usted, y desea evitarlo a toda costa para su propio bienestar.

Recuerde, los narcisistas no juegan limpio, y odian ser confrontados con sus propios defectos. Es un juego que no ganarás a menos que te rebajes a su nivel, y quién quiere hacerlo, así que simplemente te niegas a jugar. Estarás en camino a escapar, y mientras más tiempo el narcisista permanezca inconsciente de tus planes, más suave será tu salida. Manténgase callado, elabore su plan de escape y trabaje en su propio bienestar - que cubriremos en capítulos futuros.

2. Desconéctese

Relaciones narcisistas

En última instancia, lo que un narcisista quiere es atención. Como un niño pequeño, si no están recibiendo atención positiva, pronto pasarán a comportarse mal. Sin embargo, si usted se niega sistemáticamente a participar en sus juegos, ellos simplemente pasarán a otra persona que esté más dispuesta a morder el anzuelo.

Si ve a un narcisista, tome las cosas con calma y, si se demuestra que tiene razón, sea lo más aburrido posible cuando hable con él. Esta es una excelente manera de protegerse y, con suerte, ver su parte posterior también.

En algunas situaciones, puede que no quieras ser aburrido. Por ejemplo, en tu vida profesional, puedes querer brillar y si tu narcisista está en el mismo campo, es posible que tengas que lidiar con algunos celos. Simplemente concéntrese en hacer su propio trabajo lo mejor que pueda, nunca muerda, y sea educado y profesional en todo momento.

En las relaciones personales, empiece a retroceder un poco, gradualmente. Deje de morder el anzuelo en las discusiones, deje de esperar que cambien, mantenga conversaciones livianas.

3. Trabaje sus límites y déjelos claros

Esto es algo que usted puede necesitar hacer si se ha dado cuenta de que está en una relación con un narcisista. Estas personalidades constantemente empujan los límites en todo tipo de formas - imponiendo en su tiempo, su energía, su privacidad y su vida personal. Sin embargo, una vez que usted reconozca esto, estará en una posición más fuerte para establecer y mantener límites alrededor de lo que es importante para usted.

Por ejemplo, digamos que un pariente constantemente hace comentarios negativos o menospreciativos sobre su carrera. Sabiendo esto, tenga algunas frases preparadas para cuando llegue el siguiente comentario: "Hmm, estoy muy contento con cómo va mi trabajo. No siempre es un camino fácil, pero siento que estoy progresando". Entréguelos ligeramente, sin ningún tipo de calor, y sepa que acaba de tomar la decisión de defenderse, lo que fortalece su posición y debilita la del narcisista.

Y luego cambie el tema, o póngalo de nuevo sobre ellos y pregúnteles cómo va su trabajo.

O tal vez el narcisista trata de llevarte a una conversación sobre cómo va su vida, y siente que está investigando. Ten en cuenta que a los narcisistas les gusta aprender tus puntos débiles para que puedan revelárselos a los demás o provocarte con ellos en una fecha posterior.

En este caso, una vez más, mantente amigable y neutral mientras no das nada que no quieras - recuerda, solo porque alguien te haya hecho una pregunta personal no significa que tengas que responderla. A veces, simplemente respondiendo con "¿Qué quieres decir?" o "¿Por qué preguntas?"

4. No espere un comportamiento justo o razonable

Los narcisistas son jugadores crónicos. Pero también tienden a tener métodos predecibles de ataque e intentarán lo mismo una y otra vez si ven que se les levanta. Sea impredecible en la respuesta, y trabaje en sus propias estrategias, que pueden ser tan simples como el rechazo.

Si hacen un comentario desagradable, simplemente se niegan a aceptarlo. Diga suavemente: "No. Eso no es verdad".

Nunca espere que sean justos o amables, y tenga su guardia lista para recuperarse. Incluso una larga pausa seguida de "¿Qué quieres decir?

Déjelos sintiéndose un poco inseguros acerca de si usted es sabio con ellos o no. Nunca jugarán limpio, así que no sienta que tiene que ser completamente justo en respuesta - juegue con ellos en su propio juego, pero de manera inocente.

Otra buena táctica aquí, si tienes que trabajar con un narcisista, tal vez, o ver a uno en una reunión familiar, es prepararte de antemano. Duerma bien por la noche, coma bien, haga algo de ejercicio y aprenda algunas técnicas sencillas de respiración que le ayudarán a permanecer calmado y alegre en el momento. Los narcisistas tienden a aprovecharse de los débiles, así que mantenerse fuerte y saludable es una buena manera de defenderse de ellos. Veremos esto más adelante.

5. Acéptelos

Esto es algo difícil de hacer, particularmente si estás muy apegado a tu narcisista - si, tal vez, ellos son tu pareja romántica, tu amigo íntimo o tu padre. Pero si puedes aceptar que son narcisistas, que no pueden cambiar y que nunca conseguirás nada diferente de ellos, tu vida será más fácil. Parte de la frustración de este tipo de personalidad es que a veces pueden ser tan amables. Sabes que lo tienen en ellos, así que ¿por qué no pueden ser así todo el tiempo?

No tiene importancia. No pueden. A menudo, no tienen ningún incentivo para cambiar. Después de todo, la vida de un narcisista es a menudo superficialmente muy agradable, especialmente con unos cuantos monos entrenados bailando a su alrededor. Sí, tienen sus demonios, pero los mantienen bien enterrados, por lo que en su mayoría están bastante contentos.

Aceptar que su narcisista no cambiará es el primer paso para avanzar con su propia vida, libre de su influencia negativa. Es posible que no pueda deshacerse de ellos por completo si son miembros de su familia, pero descubrirá que pasan mucho menos tiempo debajo de su piel de lo que están acostumbrados.

Si está en una relación romántica con un narcisista, renunciar a sus expectativas de que cambiarán es el primer paso para liberarse, y seguir adelante sin ellos, o aceptarlos por lo que son y encontrar otras formas de satisfacer sus necesidades. Te mereces algo mejor, después de todo.

5 frases para desarmar instantáneamente a un narcisista

1. **"Estoy de acuerdo. "o "Tienes toda la razón."**

Si está en una situación de trabajo o celebración familiar, es mucho más fácil simplemente acompañar al narcisista. De acuerdo con lo que digan, sonríe dulcemente y sé un poco aburrido para que rápidamente pasen a otra persona para más drama.

Desafiar a un narcisista nunca vale la pena, ya que terminará sintiéndose atacado e indigno si lo hace - no pueden tolerarlo, y si lo intenta, pronto se dará cuenta de lo difícil que es para ellos. Lo que, es más, ellos buscarán ganar la discusión a cualquier costo, y usted terminará sintiéndose atacado. Es mucho mejor sonreír dulcemente y pasar a otras cosas, como hacer algo que te haga sentir bien.

2. **"¿Qué pensará la gente?"**

Una cosa que el narcisista valora de todo lo demás es su imagen. Si quieres que hagan algo por ti o que se comporten, asegúrate de recordarles que su comportamiento será visible para los demás.

Una de las maneras de hacer esto es invitando a otras personas a una situación. Digamos que estás discutiendo con ellos. Diga: "Mira, creo que tendré una charla con fulano y veré qué piensan" o "¿Deberíamos llevar a papá a la habitación también para que podamos hablar de esto juntos?" Ellos cambiarán rápidamente su tono si se dan cuenta de que usted está preparado para hacer que otros tomen conciencia de su comportamiento y no para mantenerlo en secreto.

3. "Lamento que te sientas así."

Esta es una gran manera de desactivar una discusión con un narcisista. Pone sus sentimientos firmemente de vuelta sobre ellos y es lo suficientemente neutral como para desalentar nuevos ataques. Usted no se está disculpando ni asumiendo la culpa, pero está reconociendo que es difícil para ellos ser desafiados.

4. "Puedo vivir con tu defectuosa percepción de mí"

Nuevamente, esto está devolviendo los sentimientos y opiniones del narcisista. Supongamos que ha establecido un límite claro con un narcisista con el que no está contento. Ahora, te están atacando y diciendo que estás siendo difícil e incómodo y que debes ceder ante ellos.

En lugar de decir: "No, no lo soy" y ponerse a la defensiva, afirmando tranquilamente que se puede aceptar su opinión errónea, se hacen dos cosas: Les dice que están equivocados, pero usted no se molestará en tratar de corregirlos. En vez de eso, vas a aceptar que están equivocados y seguir adelante. Los deja sin lugar a donde ir porque no estás tomando su actitud negativa hacia ti.

Relaciones narcisistas

Esencialmente, está diciendo que no tiene ningún interés en controlar sus pensamientos, aunque no esté de acuerdo con ellos o no los acepte de ninguna manera - lo cual es una actitud saludable para tomar hacia cualquiera, realmente.

5. "Tu ira no es mi responsabilidad."

Una vez más, usted está poniendo su comportamiento de nuevo en ellos. Esto puede hacerlos absolutamente furiosos - los narcisistas tienden a odiar cualquier forma de charla de autoayuda o lo que ellos ven como una tontería de la nueva era. Simplemente repíteselo, más de una vez si es necesario, y aléjate de ellos si puedes. Pronto se aburrirán y seguirán adelante.

Cómo protegerse de un narcisista

Protegerse de un narcisista no es fácil, pero hay algunas tácticas que puede probar. Si aún no está listo para dejar una relación con un narcisista, puede considerar la posibilidad de formar un **contrato de conexión** con ellos para obtener lo que quieres de la relación.

¿Qué es un contrato de conexión?

En pocas palabras, un contrato de conexión es un acuerdo escrito en el que se establece la línea de base de cómo desea que lo traten. Si el narcisista rompe este contrato, ya no tiene derecho a disfrutar de una conexión con usted. Si usted está en una relación con un narcisista, puede leer algo como esto:

"No quiero escuchar los insultos ni que me griten o critiquen injustamente. Si eres incapaz de hacer esto, me iré".

Para un padre narcisista que desea visitarte, podría ser más bien esto:

"Puedes quedarte en mi casa por tres noches, pero mientras estés aquí debes comprometerte positivamente con mis hijos, y no gritarme ni a mí ni a nadie más que viva aquí. Tampoco quiero darle dinero - usted necesita manejar sus propias finanzas y pagar sus propios gastos en todo momento. Si no está de acuerdo con estas condiciones, tendrá que pagar un hotel y nos reuniremos para tomar un café".

Esencialmente, un contrato de conexión crea un conjunto de pautas claras y neutrales sobre lo que se tolerará y lo que no se tolerará. Si el narcisista rompe esto, no necesitas enfadarte o discutir, simplemente señalas que han roto el contrato y por lo tanto ya no son bienvenidos en tu presencia.

Sí, es duro y contundente, pero te quita la presión de estar constantemente preguntándote qué es aceptable y qué no lo es. Con un contrato de conexión, todo el mundo sabe cuáles son las reglas, y si el narcisista las rompe (y lo más probable es que lo haga), puedes señalar el contrato y mantener la calma.

¿Cuándo es apropiado utilizar un contrato de conexión?

Un contrato de conexión puede ser útil cuando ya ha tenido varias explosiones y confrontaciones con un narcisista, y sabe que no está contento con su comportamiento, pero no está dispuesto a cambiar o reconocer que ha hecho algo malo.

Esencialmente, se hace cargo de la discusión y establece lo que no ves como aceptable. Es posible que lo lean y quieran volver a discutir, en cuyo caso simplemente puede decir que no quiere seguir discutiendo, solo quiere ir con lo que está escrito.

Es una manera final de tratar de conseguir que un narcisista se comporte, y aunque puede no tener éxito, al menos demuestra que se trata de un negocio serio.

Relaciones narcisistas

Capítulo 4 - Corte de la cuerda

Por qué es tan difícil romper con un narcisista

Supongamos que ha leído hasta aquí y se ha dado cuenta de que está en una relación que es tóxica para su propio bienestar y que necesita salir. Puede ser alguien con quien haya tenido una relación romántica, o puede ser un miembro de la familia o un amigo cercano del que debe alejarse. Cualquiera sea la situación, debe seguir algunas estrategias confiables para protegerse mientras realiza este proceso.

Una cosa que debe tener en cuenta al hacer planes es que salir de una relación con un narcisista **no es como romper con la mayoría de las personas**. No les gusta y te lo pondrán extremadamente difícil.

Si te has enamorado de un narcisista, te verás envuelto en lo que los psicólogos llaman un vínculo traumático. Como humanos, estamos conectados para sentirnos cerca de los demás. Así que la táctica narcisista de los bombardeos amorosos al comienzo de una relación, o cuando empezamos a retroceder, naturalmente te hará sentir más cerca de ellos.

Pero eventualmente, un narcisista se volverá contra ti, lenta pero seguramente. Se sentirá confundido e inseguro porque nunca sabes dónde estás parado. Esta incertidumbre lo hace menos seguro y más fácil de manipular - todas las tácticas que el narcisista empleará sin conciencia para obtener la ventaja en la relación. Se sentirá confundido porque te has unido a ellos en uno de sus momentos más agradables y ahora estás viendo un lado diferente de ellos.

Relaciones narcisistas

Puede saber que la relación es mala para usted y que esta persona lo hace infeliz o temeroso, pero de alguna manera ha perdido el coraje de cuidarse e irse. También estás dudando de ti mismo: después de todo, ¿parecías hacerlos tan felices al principio? Seguramente para que las cosas cambien, debes haber hecho algo mal, y si pudieras resolver lo que fue, ¿volverás a las cosas como estaban? Y de vez en cuando son absolutamente encantadores, lo que te mantiene esperando.

Los narcisistas también son muy buenos aislando a sus víctimas, así que puede que sientas que no tienes a nadie a quien recurrir. Esto no es verdad. Lo más probable es que haya viejos amigos o familiares que te abrazarán si les dices la verdad sobre tu relación con esta persona. Puede que ya sean conscientes de los problemas y estén esperando a que usted hable. El hecho es que las relaciones no deberían ser tan difíciles.

Entonces, ¿cómo llegaste a este estado? Bueno, eres humano. Sucede. Algunos de nosotros somos más vulnerables que otros a los encantos del narcisista, y eso es algo en lo que puede que necesites pensar en el futuro - miraremos las banderas rojas para futuras relaciones al final del libro. Pero esencialmente, los narcisistas son muy buenos en lo que hacen, y en crear un vínculo traumático.

El vínculo traumático funciona de manera un poco diferente dependiendo de si se trata de una relación a largo plazo, como con un padre, o con una nueva pareja romántica.

Con las relaciones a largo plazo, es más bien un ciclo constante entre el comportamiento amoroso y el abuso que puede durar años y que se establece en la infancia.

Relaciones narcisistas

Con las relaciones románticas, tiende a ser que las cosas empiezan bien y se deterioran. O se sale a la primera señal de problemas, o se mete en un ciclo abusivo que puede durar años, si lo permite.

Las 7 etapas de la vinculación del trauma

1. **Bombardeo de amor**
   Eres perfecto y no puedes hacer nada malo, y eres conquistado por su encanto y atención. Son halagadores, amables, afectuosos y parecen estar completamente enamorados de usted. Por supuesto, siendo humano, disfrutas de esto. Pero por supuesto, con el narcisista, nunca durará.

2. **Confianza**
   Crees todo lo que dicen, y empiezas a confiar y creer en ellos. Mientras que puede haber una pequeña parte de ti que sabe que todo esto es demasiado bueno para ser verdad, también te atraen con pequeños actos de bondad e intimidad que te hacen creer y confiar en ellos. ¡Usted simplemente nunca ha conocido a alguien tan maravilloso antes, y parece que se siente de la misma manera!

3. **Comienza la crítica**
   El bombardeo amoroso se desvanece, lentamente o a veces de forma muy abrupta, y el puntilloso y las críticas empiezan a escalar. De repente, no eres tan perfecto. Esta etapa puede ir acompañada de crecientes demandas de tiempo y energía, conflictos y un sentimiento de desesperación o confusión, a medida que te preguntas qué ha cambiado y cómo puedes volver a tener un terreno más firme.

4. **Gaslighting**

Esta nueva situación es culpa tuya. Si solo hicieras las cosas de manera diferente, o no fueras tan loco o irracional, todo estaría bien. Empiezas a dudar de ti mismo, en parte porque parecen tan convincentes. No han hecho nada malo. Todo está en tu cabeza.

5. **Control**
Aceptas lo que ellos quieren porque empiezas a creer que estás equivocado y esta es la única manera de volver a sus buenos libros.

6. **La resignación y el aumento de la desesperación:**
Las cosas parecen estar empeorando. Si tratas de defenderte, te encuentras con más abuso. Te sientes solo, triste y aislado.

7. **Eres adicto**
Sabes que esta persona es mala para ti, pero de alguna manera sigues volviendo por más, y todo lo que quieres es recuperar su aprobación y ver su lado amable. Con un padre, esto se debe a que estamos naturalmente dispuestos a amar a nuestros padres, sin importar lo inadecuados que sean para el trabajo.

Con las relaciones románticas, a menudo es porque tenemos una visión de la relación y su futuro en nuestra cabeza, y sabemos que va a ser doloroso y solitario renunciar a ella y volver a buscarla de nuevo. Mucho más fácil de aguantar y esperar que las cosas cambien. Usted también está debilitado por su constante abuso de bajo nivel y no se siente lo suficientemente fuerte para salir.

Cómo romper con un narcisista para siempre

Relaciones narcisistas

Romper con un narcisista no es un proceso fácil, pero vale la pena. Principalmente porque la relación nunca te va a dar lo que necesitas, a pesar de los ocasionales buenos días. Estás buscando algo que simplemente no existe. Dejar a esta persona atrás liberará espacio y energía en tu vida para cosas mejores, relaciones más saludables y mayor felicidad. Se le permite hacer eso - de hecho, ¡le estoy dando permiso ahora mismo! Pero ¿cómo lo haces? Siga leyendo para averiguarlo.

1. **Prepárese**
   Obtenga toda la información que pueda sobre los narcisistas. Estudie este libro y otros recursos, y sepa que está haciendo lo correcto para su propio bienestar.

2. **Distanciarse gradualmente**
   Estar un poco menos disponible y un poco más aburrido. Deje que piensen que se están aburriendo de usted, incluso, y vea si usted puede desconectarse lentamente en lugar de dejar que se den cuenta de lo que está haciendo - lo cual puede incitar a la rabia narcisista.

3. **Reconectarse con los demás**.
   Esta es una gran manera de romper el control del narcisista sobre usted. Encuentre maneras de dejar que otros regresen a su vida, sin importar cuán bajo y aislado se sienta. Llame a un viejo amigo, vea algo que le interese, únase a un club. Sea lo que sea, salga de su aislamiento y rodearse de gente sana y comenzará a sentirse mejor.

4. **Piense en una excusa**
   Trate de no hacer la ruptura o el distanciamiento sobre ellos. Hable acerca de lo que es mejor para ambos y encuentre maneras de hacer que parezca más una idea de ellos que de

usted. No los encienda, acuse o les diga sus faltas - esto es insoportable para ellos y solo hará más difícil salir.

5. **Haga una ruptura limpia**
   No lo alargue - una vez que hayas decidido irse, váyase rápido. Una vez que se haya ido, no vuelva a contactar con ellos. Manténganse fuertes y no se sientan tentados por los bombardeos de amor, que vendrán. A menudo, con un miembro de la familia, es imposible hacer una ruptura limpia sin una gran cantidad de interrupción dentro del círculo más amplio de miembros de la familia. En este caso, a menudo es más fácil simplemente alejarse o tener poco contacto, que es cuando mantienes el contacto al mínimo y te proteges con límites firmes.

   Muchos hijos de narcisistas dirán que lo mejor que hicieron fue poner distancia física entre ellos y su padre narcisista. Rompió la fuerte carga emocional y también les permitió sentirse realmente seguros y felices en un lugar sin recordatorios de dolor infantil.

6. **Esperar y planear represalias**
   Hará que la gente lo llame, que se preocupe por usted, esos **monos voladores a** los que el narcisista es tan bueno llamando. Conseguirá que alguien más intente construir un puente. Recibirá llamadas telefónicas, visitas inesperadas, cartas con disculpas poco sinceras en su buzón de correo. Prepárese para todo esto y manténgase fuerte.

   Finalmente, si permanece neutral y firme durante el tiempo suficiente, el narcisista se aburrirá y pasará a otra persona. Pero llevará tiempo. Mientras todo esto sucede, establezca algunos hábitos para protegerlo: duerma mucho, haga ejercicio y coma

7. **Sea amable con usted mismo**

   Una relación con un narcisista puede hacer que te sientas agotado. Usted puede esperar algunos sentimientos de pena y un sentido de pérdida, e incluso de fracaso. Todos estos son sentimientos normales y pasarán. Dese tiempo y espacio, obtenga asesoramiento si lo necesita, y tómelo con calma.

   Llevar un diario a dónde vas para descargar tus sentimientos y también recordarte a ti mismo por qué estás haciendo lo que estás haciendo te mantendrá enfocado. Cuando el narcisista empieza a amar los bombardeos, lee tu diario para recordarte lo desagradables que son capaces de ser, sin importar lo deliciosos que sean en este momento. No cambiarán y no pueden cambiar, así que escapar es lo correcto. Recuérdate de esto cuando empieces a tambalearte.

Usando el método de la roca gris a su favor

Por encima de todo, a los narcisistas les encanta el drama. También son muy competitivos y envidiosos, así que, si tienes algo emocionante en tu vida, intentarán alimentarse de ello - y tratar de robar tu alegría en él. A los narcisistas les encanta soplar las velas del pastel de otra persona.

Entonces, ¿cómo lidias con esto? No pongas el pastel delante de ellos. El método de Gray Rock es una herramienta maravillosa para tratar con narcisistas. Va en contra de nuestros instintos normales, pero eso es lo que hay que hacer cuando se trata de este tipo de personalidad.

Entonces, ¿cómo funciona?

Imagínese una roca gris. Sin color, sin vida, sin nada que ver aquí. Y luego, simplemente, comportarse como tal. Es tan simple como eso. Este truco es esencialmente hacer que parezca tan aburrido, tan aburrido, que el narcisista no tiene nada de qué alimentarse y pronto (ojalá) pasará a otra persona.

Lo que los narcisistas quieren es tu energía. Si te sientes bien, ellos quieren quitarte eso. Si tienes alguna noticia emocionante, ellos quieren superarla. Si tienes algo doloroso en tu vida, ellos quieren acercarse y ver tu dolor. Son la verdadera definición de vampiros emocionales.

No les de nada más que una aburrida roca gris.

Cuando regresan a ti, buscando tesoros brillantes para robar, sigue sin darles nada. Responda a sus solicitudes de información con charlas aburridas. Nunca les digas lo que va bien en tu vida, porque ellos encontrarán la manera de arruinarlo para ti. Si investigan, diles que todo ha sido muy tranquilo. No hay noticias.

Gray Rock es una buena manera de salir del melodrama que es la vida del narcisista. Tendrán que ir a buscar su dosis a otra parte, y usted será libre de disfrutar de una existencia más pacífica.

Esto es difícil de hacer. Siempre habrá una parte de ti que quiera ganárselos, especialmente si son padres. Después de todo, ¿no se supone que deben estar felices por sus hijos? ¿No es eso normal?

Sí, es normal. Lo que tienes que recordar, sin embargo, es que no tienes que ser una buena persona para ser padre. De hecho, usted puede ser una persona muy desagradable y tener muchos hijos. Es un hecho triste de la vida que las personas más indignas pueden ser bendecidas con niños, pero no están emocionalmente equipadas para amarlos y cuidarlos.

Afortunadamente, este no es el caso para la mayoría de nosotros. Pero si sacaste la pajita más corta, es mejor aceptarla y buscar amor y aprobación en otro lugar que tratar de obtenerla de alguien que no la tiene, aunque sea tu madre o tu padre.

Con una pareja romántica, es posible que quieras impresionarlos, ganártelos y que las cosas vuelvan a ser como eran al principio. Lamentablemente, no puedes. Su encanto inicial fue un acto, y lo que están viendo ahora es su verdadero yo. Deja de tratar de ganártelos, y pon tu energía y tiempo en construir un futuro más feliz, lejos de esta alma dañada.

Una nota para tu futuro yo.
Lo más probable es que no tenga otra relación con un narcisista a toda prisa. Ha aprendido la lección, y sabrá que debe alejarse en el momento en que veas signos de bombardeos amorosos o de repentina maldad (más sobre esto más adelante).

Pero he aquí una poderosa cita de la escritora Maya Angelou para mantenerte a salvo:

"Cuando alguien te muestra quiénes son, créeles la primera vez."

Capítulo 5 - Sanación del abuso narcisista

Si está leyendo este libro, es probable que se sienta magullado y atacado como resultado de las interacciones que ha tenido con el narcisista en su vida.

Los psicólogos ahora reconocen que el abuso emocional - el tipo que no se puede ver y deja sus moretones en el alma, no en el cuerpo - es tan dañino y traumático como el abuso físico. Aquellos que lo han experimentado a menudo dicen que preferirían ser golpeados físicamente porque las heridas de la psique son mucho más dolorosas y debilitantes.

Ahora también se reconoce que el abuso psicológico puede provocar los mismos tipos de trauma que resultan de eventos traumáticos únicos, como un robo o atraco. Debido a que el abuso del narcisista tiene lugar durante un largo período de tiempo, puede ser difícil ver las heridas y el daño que ha sufrido. En cambio, las víctimas tienen la sensación de haber sido atacadas o heridas, lo que tomará un tiempo igualmente largo para sanar.

Los sobrevivientes de incidentes individuales como los accidentes automovilísticos lo saben instintivamente, y aunque el daño puede ser profundo, usted puede recuperarse. La diferencia con el abuso narcisista, sin embargo, es que usted puede en cierto nivel sentir que fue su culpa. El narcisista es muy bueno para hacerte dudar de ti mismo, para plantar pequeñas semillas de incertidumbre, mientras se pintan a sí mismos como irreprochables. No es de extrañar que te sientas sitiado o sufriendo de un trauma profundo cuando te encuentras con un narcisista.

En este, el capítulo más importante del libro, desviaremos nuestra atención del narcisista y volveremos a donde debería estar: en usted. Examinaremos las etapas de la recuperación del abuso narcisista y cómo se desarrollará cada una de ellas.

También revelaremos las verdades transformadoras a las que cada víctima debe enfrentarse si quiere recuperarse de su experiencia. Además, le proporcionaremos algunos ejercicios esenciales para fortalecer y sanar su mente y corazón.

Finalmente, le ofreceremos afirmaciones que alteran la vida para sanar las heridas del pasado y repetirse a sí mismo como un mantra a medida que comienza el emocionante proceso de pasar de esta relación tóxica y comenzar el próximo capítulo más feliz de su vida.

Las 5 etapas de recuperación del abuso narcisista

Recuperarse del abuso narcisista es similar a recuperarse de la muerte de un ser querido. Particularmente si usted ha amado y creído en esta persona por mucho tiempo y ha sido engañado con sus historias, es difícil aceptar que ellos no son quienes dicen ser. De hecho, ni siquiera se acercan a la forma en que se representan a sí mismos.

La recuperación puede dividirse en cinco etapas. Hasta cierto punto, su proceso de curación dependerá de su personalidad y del narcisista en su vida. También es importante tener en cuenta que puede que no haya un momento en el que usted diga que está completamente por encima de lo que ha sucedido. El abuso deja cicatrices, e incluso si se curan y no se forman nuevas, siguen ahí. Pero te harán más fuerte y compasivo, así que no te sientas como si estuvieras cambiado para peor, o dañado irreversiblemente. Simplemente has cambiado y crecido un poco más, como todos nosotros (¡aparte de los narcisistas!)

Aquí hay una guía aproximada que lo ayudará a comprender mejor el proceso de recuperación.

Etapa 1: Modo de emergencia

Digamos que ha tenido lo que espera que sea su último enfrentamiento con el narcisista. Les has dicho que se acabó, que se ha ido del edificio o ha colgado el teléfono, y que está decidido a no dejar que vuelvan.

Usted podría estar recibiendo mensajes de ellos o tenerlos apareciendo en su puerta. O puede ser que estés escuchando de ellos a través de otros espectadores preocupados, enviados por el narcisista para jugar con tu culpa, miedo, obligación y simpatía.

Lo que necesitas ahora mismo es seguridad emocional. Habla con alguien que entienda al narcisista y que no te culpe a ti. Dígase a sí mismo que está haciendo lo correcto. Y lo más importante, no hagas nada para castigarte. Sin atracones de comida, sin rumores ni culpa propia, sin alcohol ni drogas.

Practique el **autocuidado radical**: trátese como si fuera un ser querido que ha sufrido una lesión. He aquí algunas sugerencias:

- Bríndese descanso, buena comida, baños calientes e incluso un ramo de flores. Compre y cocine su comida reconfortante favorita.
- Tome un poco de aire fresco y haga ejercicio.
- Escuche meditaciones guiadas y edificantes en YouTube.
- Mantente ocupada, pon tu casa en orden con algo de decadencia.
- Vaya a nadar o a hacer cualquier ejercicio que le haga sentir bien.
- Lea un libro o vea una película divertida.

- Haga algunos planes para el futuro - un viaje, un proyecto, una nueva área de estudio.
- Vuelva a entrar en contacto con la naturaleza: un paseo por el bosque o por la playa, o simplemente una excursión a su parque local. ¡Cueste lo que cueste!

Usted puede ver en esta lista que se trata de volver a lo básico: hacer el tipo de cosas que hacen que un niño pequeño se sienta bien. Manténgalo sin complicaciones y sepa que está haciendo lo correcto cuidándose a sí mismo.

Apague su teléfono si lo necesita y manténgase alejada de los medios sociales, donde puede encontrar a su abusador tratando de localizarla. En esta etapa, usted puede estar traumatizada por el contacto abusivo y es crucial que se concentre en calmarse.

Etapa 2: seguir adelante y enojarse

Aquí, comenzará a sentir que su energía regresa y puede tener momentos de ira y enojo al darse cuenta de cuánto tiempo y energía le robó el narcisista.

También puede sentirse enojado consigo mismo, por dejar que el narcisista se salga con la suya durante tanto tiempo, por no hablar o defenderse. Todo esto es totalmente normal y solo significa que estás avanzando y creciendo, no que has fallado o hecho algo malo.

Usted puede regresar a la primera etapa, especialmente si tiene contacto con el narcisista. Es importante en esta etapa reconocer su enojo, pero no quedarse atrapado en él. Pasar demasiado tiempo en línea hablando con otras personas que sufren, por ejemplo, puede no ser la mejor idea, ya que puede impedir que avance en su vida.

Si te resulta muy difícil seguir adelante, o sientes que estás dando vueltas en círculos, este es un buen momento para ver a tu médico de cabecera y hablar sobre la posibilidad de recibir asesoramiento profesional, si crees que te puede ayudar.

Tercera etapa: ¿Debería volver a ponerse en contacto?

Ahora llega el momento en que se olvidan algunos de los detalles de lo que sucedió y, lo que es más importante, los sentimientos desagradables pueden haberse desvanecido. Empieza a recordar los buenos puntos del narcisista. Empieza a pensar que tal vez no era tan malo como recordaba, y tal vez simplemente estaba exagerando o siendo demasiado sensible.

Tal vez usted quiere un cierre, o una oportunidad para ver si han enmendado sus caminos (no lo han hecho.) Tal vez simplemente se pierda los buenos tiempos. También es posible que empieces a escuchar a los narcisistas, ya que ellos empiezan a extrañar tu atención y a pensar en maneras de atraerte de nuevo.

Manténgase fuerte. No vuelva, no hay nada más para usted que dolor. Dejar que el narcisista regrese a su mundo puede enviarte directamente a la primera etapa, o peor aún, puede encontrarse de nuevo en una relación con ellos, y el ciclo comienza de nuevo.

Cuarta etapa: Alcanzar la distancia

Este es el punto en el que ha tenido algo de tiempo para curarse y rodearse de normalidad. Has superado muchas de las emociones más feroces y estás comenzando a tener una comprensión más clara de lo que te sucedió y por qué te atrajo a la relación, o cómo encontraste la manera de salir de ella.

Sin embargo, es posible que todavía tenga días malos, cuando se culpa o se encuentra creyendo lo que el narcisista dijo de usted.

Acepta esos sentimientos, siéntate con ellos y pasarán. Te estás acercando a ser sanado y avanzando con tu vida. El narcisista se equivocó contigo, e hiciste lo mejor que pudiste en ese momento.

Etapa cinco: Aceptar y seguir adelante

Sigues avanzando. Usted tiene una buena comprensión de sus propias fortalezas y debilidades. Ahora, eres cada vez más capaz de rechazar las cosas que el narcisista te dijo.

Tal vez usted ha tenido alguna terapia y está pensando en cómo formar relaciones más saludables en el futuro. Has formado algunos buenos hábitos diarios para ayudarte a sentirte fuerte y seguro (más sobre esto más adelante) y estás planeando una vida más feliz para ti mismo.

Sobre todo, estás libre del narcisista y de la influencia tóxica que tuvieron sobre tu vida.

5 verdades transformadoras a las que toda víctima debe enfrentarse

1. El narcisista nunca cambiará en la forma en que lo necesita

Obviamente, todos son capaces de cambiar y crecer personalmente. Todos nos desarrollamos de todas las maneras, unos más que otros. Pero el narcisista es muy resistente al cambio, y nunca debe perder su tiempo y energía esperando que las cosas sean diferentes.

Para empezar, lo deja atascado en una posición de espera. Y la gente puede quedarse en ese lugar durante años. Puede que tenga momentos en los que veas la posibilidad de que las cosas sean diferentes - por ejemplo, el narcisista se ha comportado mal, usted los ha dejado fuera, y ahora le prometen que las cosas serán diferentes.

No lo harán. Todo lo que sucederá, si deja que esa persona se acerque de nuevo, es que el ciclo comenzará una vez más. Y luego una y otra vez. Incluso si cambiaran, quizás después de muchos años de terapia, seguirían careciendo de empatía básica. ¿Y realmente quieres pasar años de tu preciosa vida esperando que alguien sea mejor? Todo ese tiempo, toda esa energía, podría ser gastada de manera mucho más productiva en otros esfuerzos y en personas más merecedoras.

2. No son una persona diferente con los demás y no es usted problema.

No crea que es el único que tiene problemas con esta persona, aunque puede que te hagan sentir así. Sí, puede parecer que todo está bien en sus otras relaciones, y usted fue el que causó los problemas. Pero no son diferentes a los demás. Son la misma persona con todos.

La única diferencia es que estás viendo el exterior de esas otras relaciones, no el interior. Los narcisistas son incapaces de tratar a alguien con amabilidad y decencia. Pero también son a la vez reservados y obsesionados con la imagen, así que lo más probable es que sus otras relaciones también sean escasas y tóxicas, pero simplemente lo ocultan bien.

3. Abusaron de usted deliberadamente y no estaba todo en su cabeza.

Debido a que los narcisistas son tan buenos en lo que hacen, y en mantener sus trucos justo por debajo del radar, puede que empieces a preguntarte si estás imaginando cosas. Usted podría preguntarse si son genuinamente desagradables y abusivos, o si de alguna manera no se dan cuenta de que lo que están diciendo y haciendo es hiriente.

Sí. Saben exactamente lo que hacen. No hay excusa para su comportamiento, aunque probablemente escuchará algunas excusas: están envejeciendo (los narcisistas ancianos son muy buenos para retrasar su edad cuando les conviene), o quizás tuvieron una infancia infeliz y usted debería sentir lástima por ellos.

No. Lo siento. No es suficiente. Muchas personas tienen una infancia miserable y no andan por ahí haciendo que otros se sientan mal. No hay excusa para el comportamiento abusivo. Esta fiesta de lástima es algo que los narcisistas son muy buenos en lanzar cuando les conviene, particularmente para apuntar a individuos empáticos que sientan lástima por ellos y les perdonen su comportamiento - solo para que todo vuelva a empezar una vez más.

Lo que la gente compasiva encuentra difícil de entender acerca de los narcisistas es cuánto placer obtienen de manipular, explotar y jugar con otros. La mayoría de nosotros no disfrutamos de esas cosas y nos cuesta imaginarnos sintiendo felicidad por el sufrimiento de los demás. Pero los narcisistas sí. Se alimentan del drama, de la miseria, y les da una sensación de poder, control y significado en sus vidas, que de otro modo estarían vacías. Tristemente, no hay forma de escapar de esto, no hay un yo superior al que puedas apelar en el alma de un narcisista.

Tampoco es accidental su comportamiento abusivo. Una buena pregunta para hacerse, si se está preguntando sobre algo que un narcisista dijo o hizo, es - ¿quién estaba con usted cuando dijo eso? ¿Estabas solo? ¿O lo dijeron delante de los demás? Cualquiera que pueda cambiar su comportamiento dependiendo de quién esté escuchando sabe exactamente lo que está haciendo.

E incluso si no están bien, no es tu problema. Usted tiene el derecho de protegerse y vivir una vida libre de abuso narcisista.

4. Recuperarse llevará tiempo y no es un proceso que se pueda apurar.

A diferencia de un solo evento traumático, como un accidente automovilístico, el abuso narcisista tiene lugar durante un largo período de tiempo. Aunque las heridas físicas pueden sanar, el daño a su salud mental toma más tiempo.

Lo que esto significa es que usted no tiene que perdonar a su abusador o barrer sus sentimientos bajo la alfombra.

Si usted se siente triste o enojado por la forma en que lo trataron, eso no es una señal de debilidad. Es una respuesta razonable a lo que te ha pasado. Tampoco necesita perdonar o sentir compasión por su abusador. Después de todo, no sienten compasión por ti.

El narcisista quiere que dudes de usted mismo, que minimices lo que pasó y que creas que estás exagerando o que lo estás haciendo peor de lo que era. Esto no es verdad. Los narcisistas son personas verdaderamente peligrosas y perturbadoras, y usted puede tomarse todo el tiempo que necesite para sanar de su experiencia.

5. Todas las emociones son válidas

No hay una manera correcta de sentir. Es posible que usted haya sentido, junto con su abusador, que ciertos sentimientos o reacciones eran inaceptables. Los padres narcisistas son muy buenos entrenando a sus hijos para someter las respuestas emocionales y nunca se quejan, por ejemplo.

Pero todas sus emociones son válidas, y usted tiene el derecho de sentirlas y expresarlas apropiadamente, sean cuales sean. Usted tiene el derecho de sentirse **enojado** por lo que se ha dicho y hecho, siempre y cuando no esté expresando su enojo de una manera que sea destructiva para los demás.

El truco es usar tu ira productivamente: Úselo para impulsarte hacia adelante, para energizarte y para poner tus sentimientos en cosas que promoverán tu propia vida. ¡Puede ser una fuerza creativa para el bien si la canalizas y la usas sabiamente!

Usted también tiene derecho a sentir **dolor**. Esto no es una debilidad, es un reconocimiento de que has perdido a alguien que te importaba, o al menos la idea de quiénes eran para ti. Siente tu dolor, hónralo, y sigue adelante.

Puede ser útil tomar distancia de sus emociones, verlas como separadas para usted: tal vez visualizar sus emociones como nubes que se mueven a través del cielo. De la misma manera, se mueven a través de su cuerpo y simplemente pasan. No es necesario que se desmorone: simplemente siéntalos, reconozca lo que está sintiendo y deje que se quede con usted todo el tiempo que necesite.

Si desea cambiar una emoción poco útil, aquí hay dos cosas que puede probar.

- Trabajo corporal: Tenemos emociones buenas y malas en nuestro cuerpo - solo piensa en lo diferente que nos vemos, nos movemos y sonamos cuando nos sentimos felices y cuando estamos tristes. Así que tiene sentido, entonces, que la carrocería sea una forma de cambiar las emociones. Esto puede ser a través de un masaje con un terapeuta experto, yoga, meditación o una larga caminata. Nadar y estar cerca del agua también es muy curativo para nuestras emociones.

- Hablar con un terapeuta experto en el trastorno de estrés postraumático también es útil a medida que trabajas a través de las emociones, y tendrán técnicas específicas que puedes usar para avanzar.

Ejercicios esenciales para fortalecer el corazón y la mente sanadores

Al comenzar su viaje de sanación, puede que encuentre útil llevar un diario de sus pensamientos y sentimientos. Esto puede ser un estilo de diario de descarga de cerebro, donde simplemente sacas todos tus pensamientos y recuerdos de tu cabeza y los colocas en tu página, o puede ser una serie de preguntas guiadas para ayudarte a preguntarte cómo te metiste en tu relación con el narcisista y lo que has aprendido.

Siga leyendo para obtener algunos ejercicios de escritura sencillos que aclararán sus pensamientos y sentimientos internos y harán que avanzar sea un poco más fácil al hacerle algunas preguntas sobre su experiencia.

Encuentre un momento en el que no le interrumpan y se sienta fuerte, curioso y listo para avanzar de una manera significativa para sacar el máximo provecho de este ejercicio. Tómese el tiempo que necesite y siéntase libre de volver a estas preguntas y sus respuestas cuando se sienta incierto o molesto. Encontrará sus respuestas y su propia sabiduría interna muy poderosas. ¿Listo? ¡Vámonos!

1. ¿Cuáles son sus falsas creencias sobre la relación?

Aquí, puede anotar todo lo que creía sobre la persona y su relación con ella que ahora siente que es falsa. Aquí hay algunas ideas sobre cosas que puede haber creído:
- ¿Sintió que los problemas eran culpa suya? Ninguno de nosotros es perfecto, pero no todo puede haber sido culpa tuya. Empiece a deseleccionar esto y verá si obtiene una imagen más clara de su relación.
- ¿Sintió que había cosas que podría haber hecho para cambiar la relación?
- - ¿Sintió que él o ella trató mejor a los demás, o, de hecho, él o ella trata a todos con cierto grado de desprecio?
- ¿Siente que nunca encontrará a alguien más? ¿Es esto cierto? ¿Tienes otras personas en su vida que se preocupan por usted?

2. ¿Hay alguien en su infancia que lo alentó a asumir la culpa?

- A veces, con un narcisista, nos encontramos a nosotros mismos asumiendo la culpa de todo lo que ha salido mal, mientras que la otra persona se escapa pareciéndose a la parte inocente.

- ¿Es un patrón de su infancia? ¿Le resulta familiar? ¿Es cierto, o, como la mayoría de los niños, estaba haciendo lo mejor que podía y cometiendo algunos errores en el camino?

3. ¿Qué gana usted protegiendo a su abusador y asumiendo la culpa?

Quizás tenga una idea idealista de cómo debería ser su relación con esta persona importante, y desea conservarla. Tal vez temes que si se defiende a usted mismo terminará solo.

¿Qué es lo que te impide enfrentar la verdad y dejar a esta persona atrás?

4. ¿Cuáles son algunos de los puntos de vista alternativos que se le pueden ocurrir?

Finalmente, mire todas las creencias que ha escrito en la primera parte, y proponga algunas alternativas que sean realistas y se sientan fieles a usted. Por ejemplo, si usted siente que todo fue su culpa, escriba las maneras en que trató de mejorar las cosas. Luego haga una lista de las cosas que definitivamente no fueron su culpa y que simplemente fueron el comportamiento narcisista.

Use este escrito para volver a cuando está dudando o superado con la culpa de lo que se ha desarrollado. Tomarse el tiempo para reflexionar sobre lo que sucedió y desafiar el statu quo y la historia que su narcisista le ha contado es una forma de reemplazar las creencias poco saludables por otras más amables y lo ayudarán a seguir adelante.

Afirmaciones que protegen la vida para curar heridas del pasado

Agregue a su diario algunas afirmaciones que resuenen con usted, y úselas para fortalecerlo cuando se sienta abrumado. Una vez más, esto es algo para su propio uso privado y usted puede usarlo como quiera, en formas que le resulten útiles y apropiadas.

1. **"Me estoy curando".**

Esta es quizás la afirmación más poderosa y una que puedes usar para contrarrestar cualquier espiral de pensamiento negativo cuando surja. La curación es un proceso largo y lento, pero puede suceder y de hecho sucede.

La curación puede no ser un proceso directo o lineal, y habrá contratiempos en el camino. Pero sanarás.

2. **"El pasado está detrás de mí, y me estoy concentrando en el presente y el futuro."**

Es fácil, especialmente cuando estás teniendo un mal día, quedarse atrapado en el pasado: arrepentimientos, rumia, pensamientos sobre lo que podrías haber hecho de otra manera o revivir momentos horribles con el narcisista. Perdónese cuando esto suceda y comprométase con el presente y el futuro.

Cuando te quedas atascado en el pasado, la afirmación anterior puede mantenerte firme. No hay nada que podamos hacer para cambiar el pasado. Todo lo que podemos hacer es reconocer lo que sucedió y usar lo que nos enseñó para conducirnos a un futuro más feliz. También es un buen recordatorio para valorar el momento presente.

3. **"No hay absolutamente nada malo en este momento"**

Una vez más, el pasado puede surgir para atormentarnos en momentos vulnerables. Cuando eso suceda, concéntrese en el presente. Párese afuera, escuche a los pájaros, sienta el sol en su cara y recuérdese a sí mismo que está a salvo y libre de daños.

4. **"Soy una persona adorable que merece ser tratada con respeto y amabilidad."**

Esta es la creencia de que los narcisistas son muy buenos en tratar de desmantelar. Son incapaces de ofrecer a los demás amor, respeto y amabilidad, o de sentir estas cosas dentro de sí mismos, por lo que hacen todo lo que pueden para hacerte sentir que tú tampoco las mereces.

Una vez que se aleje de un narcisista, tendrá que trabajar más duro en esta afirmación. Significa exactamente lo que dice, ¡y es verdad!

5. **"Me merezco el cuidado personal."**

Esta es una afirmación de por vida. Hablamos un poco sobre el autocuidado antes en este capítulo, y es algo que realmente te ayudará en tu viaje de sanación. También es una manera de ponerse en primer lugar -no todo el tiempo, por supuesto, no eres un narcisista- pero lo suficiente como para sentirte cuidado y amado.

Este no es un acto egoísta; en realidad es una forma de garantizar que también puedas cuidar bien a los demás. No puede llenar los tanques de otros, como sus hijos y amigos, cuando su propio tanque está vacío. Así que cuídate.

6. **"Sé lo que sé, y confío en mí mismo."**

Los narcisistas son expertos en la iluminación y manipulación de gases, haciéndote dudar de tu propia realidad para que se sientan más poderosos.

Esta afirmación busca contrarrestar eso al ponerlo a cargo de su propia cabeza y alentarlo a confiar y creer en su propia intuición, pensamientos y sentimientos.

7. "Tengo derecho a los límites".

Proteger sus límites es otro acto de autocuidado en el que tendrá que trabajar mientras se recupera del abuso narcisista. Es particularmente importante, ya que puedes esperar que el narcisista se mantenga bajo por un tiempo, pero siempre regresará en algún momento para intentarlo de nuevo contigo.

Permanezca fuerte e inflexible, y proteja sus límites silenciosamente en todo momento.

8. "No me extrañan; extrañan el poder".

Si se siente triste por el narcisista porque parece estar solo o intenta ponerse en contacto con usted, recuérdese quiénes son realmente con esta afirmación. Nunca te amaron realmente. No es por algo por lo que hiciste mal, sino porque simplemente no son capaces de amar. Lo que sí extrañan es tener el poder de maltratarte.

9. "Mi éxito es mi respuesta."

Cuando la ira ataca - y lo hará - no los ataque. Esto es exactamente lo que quieren que hagas, como si estuvieras mostrando emoción significa que todavía tienen poder sobre ti. En cambio, repita la afirmación anterior y use su energía para hacer algo positivo en su nueva vida: metas laborales, un proyecto creativo, una meta de ejercicio o algo de autocuidado.

Trabaje en las cosas de su propia vida y deje que su felicidad y su éxito futuro sean su venganza. El Karma tiene una manera de desarrollarse en su propio tiempo dulce - así que no necesita darle un empujón. Está demasiado ocupado con otras cosas.

10. "Tengo buenos amigos y familia a mi alrededor."

Además de repetirse esto a sí mismo, busque a los que le hacen sentir bien y a los que ama y en los que confía. Estar con un narcisista es como estar en un cuarto frío y oscuro. Busca a esas personas que te hacen sentir como si estuvieras de pie en una piscina de luz solar cálida, que te tratan con amabilidad y calidez. Los buenos amigos y los miembros cariñosos de la familia son los mejores antídotos para un narcisista que jamás conocerás. Estos también pueden incluir colegas de trabajo, vecinos y las nuevas personas que aparecen inesperadamente cuando les haces un hueco - todas esas personas en tu vida que te tratan con respeto y amabilidad. Atesóralos, disfrútalos y mantén la fe en que están ahí fuera.

Capítulo 6 - Romper el ciclo

En este capítulo, queremos hablar sobre cómo puede evitar a los narcisistas en el futuro. Vamos a ver por qué puede atraer la atención de los narcisistas y cómo puede identificar a un narcisista.

Finalmente, nos pondremos creativos y le proporcionaremos algunos métodos para desarrollar el auto amor y el autocuidado, junto con varias prácticas para cultivar la paz interior y la felicidad. Estas técnicas no solo lo harán sentir bien, sino que también le proporcionarán protección contra cualquier narcisista en su vida. Vamos a empezar.

6 razones por las que sigues atrayendo a los narcisistas

En primer lugar, necesito aclarar la afirmación anterior. Se estima que alrededor del 6% de la población sufre de Trastorno Narcisista de Personalidad. Así que, si estás fuera mucho tiempo, trabajando, saliendo y conociendo gente en tu vida diaria, lo más probable es que te encuentres con uno o dos narcisistas.

El problema no es encontrarlos ni siquiera atraerlos. Debido a que se queman a través de las relaciones más que la mayoría de las personas, también tienden a afinarse en cualquier persona nueva, en busca de atención fresca. El problema es dejar que se queden. Los narcisistas son muy buenos para detectar a aquellos que van a aguantarlos y que, por lo tanto, están maduros para ser explotados. Así que no se trata de atraer a los narcisistas - todos lo hacemos a veces - se trata de dejarlos entrar a tu puerta.

Relaciones narcisistas

Aquí hay algunas preguntas para preguntarte por qué aceptaste a un narcisista en tu vida que te ayudarán a entenderte mejor a ti mismo y a ser más consciente en el futuro de lo que debes buscar al comienzo de una relación.

1. ¿Tiende a soportar el egoísmo de los demás?

Algunos de nosotros somos más tolerantes que otros, y si usted sufre de baja autoestima o fue criado en un ambiente donde se esperaba que se acomodara a un comportamiento egoísta, como el de un padre, usted puede estar condicionado a soportar el egoísmo. Los narcisistas se darán cuenta muy rápidamente de quién aguantará sus juegos y quién no, y se concentrará en aquellos que tienden a ser más tolerantes y tolerantes.

No es necesario ser demasiado cauteloso o sospechoso; después de todo, la mayoría de las personas no son narcisistas. Pero no sienta que tiene que dejar que todos entren de inmediato. Tomarse el tiempo para conocer a la gente lentamente es una mejor estrategia y si usted nota que alguien parece un poco egoísta - dominando en la conversación, permitiéndole pagar por todo - tome nota y disminuya la velocidad de lo que usted le da.

¿Tienes límite en torno de lo que va a tolerar y no tolerará de los demás?

Esto puede aplicarse por igual a amigos, familiares y parejas románticas. Si usted es alguien que tiende a sentirse aprovechado, también puede ser el blanco de los narcisistas. Mire primero a su propio tratamiento de los demás - ¿es usted respetuoso de los demás, se asegura de tratar a todos como le gustaría ser tratado a usted mismo? Una vez que sepa que respeta los límites de los demás, ¿por qué no insiste en que sus límites también están protegidos?

Esto significa pensar en cómo le gustaría que otros lo trataran y hablar cuando no está contento con algo. Es algo que puedes aprender a hacer, así que si sientes que esta puede ser una de las cosas que el narcisista vio en ti, busca formas de fortalecer tus límites: cubriremos algunas aquí, pero algunas sesiones con un terapeuta son un gran punto de partida.

2. ¿Tiende a permanecer más tiempo del que debería en una mala relación?

Retroceder en una relación que comenzó bien pero que desde entonces ha ido cuesta abajo no siempre es fácil de hacer. ¿En qué punto lo terminas? ¿Cómo se hace para lograrlo? ¿Deberías quedarte, solo para ver si mejora?

Si usted es alguien a quien le resulta difícil saber cuándo terminar algo, cuándo dejarlo ir y seguir adelante, lamentablemente puede ser alguien a quien los narcisistas se sienten atraídos. Si siente que una relación no ha resultado como le gustaría, y no está seguro de si debe irse o quedarse, hay algunas cosas que puede hacer.

En primer lugar, recuerde que las relaciones siempre están cambiando. Mejoran o empeoran, pero nunca permanecen igual. El truco es mirar el patrón - si la relación comenzó bien, pero ha empeorado constantemente, y se siente mal consigo mismo, entonces es hora de alejarse. Simplemente no vale la pena su precioso tiempo y energía para permanecer en una relación que no le está haciendo feliz. Nunca.

3. ¿Usted es alguien que soporta ser devaluado?

Relaciones narcisistas

Un narcisista siempre empezará encantador y encantador, pero déjalos entrar y empezarás a ver su verdadero yo. Esto puede comenzar con un comentario sutil o un comentario un poco descortés. O puede darse cuenta de que nunca tienen su billetera durante las fechas. En general, parecen tomar siempre más de lo que dan en términos de tiempo, energía y esfuerzo.

Si usted es alguien que tiene una tendencia a aguantar y callar, usted es el blanco ideal para un narcisista. Esto no significa que usted tiene que entrar en un partido de gritos con ellos cuando se comportan mal, solo significa que usted necesita tener cuidado con esta tendencia a ser demasiado agradable a la gente. Asegúrate de que las personas a las que les concedes tu tiempo y amabilidad realmente se lo merecen, y devuélveselo también.

4. **¿Tiende a excusar el mal comportamiento de otras personas?**

Es bueno dar a la gente el beneficio de la duda. Todo el mundo tiene días malos y nadie es perfecto. Pero si el comportamiento de alguien es consistentemente difícil y usted encuentra que siempre está tratando de encontrar una excusa para ello, esta es una gran señal de advertencia.

5. **Si alguien es abusivo, ¿se va inmediatamente?**

Esto, más que nada, es una enorme bandera roja. Todos tenemos diferentes niveles de lo que toleraremos, dependiendo de cómo fuimos criados y de nuestro propio temperamento y personalidad. Si alguien creció con un padre que era violento, por ejemplo, podría haber sido preparado para ver este comportamiento como aceptable o simplemente lo que sucede en las relaciones.

Si usted siente que es alguien que soporta más de lo que debería, tenga curiosidad sobre esto. Hable con un terapeuta o lea algo sobre lo que constituye abuso emocional y abuso físico. Aprenda más acerca de escuchar su instinto visceral y las señales de advertencia de abuso. Todas estas cosas se pueden aprender y te protegerán del daño en el futuro.

7 maneras de detectar a un narcisista en la primera cita

Como sabemos ahora, los narcisistas son buenos para encantar a los demás, para parecer increíblemente comprensivos y comprensivos, hasta que los conozcas. Entonces, es una historia diferente. Pero ¿cómo las filtras antes de que te lastimes? No es fácil, sentir una conexión con alguien lo hace aún más difícil. Afortunadamente, hay algunas señales de advertencia.

1. Han planificado la fecha en detalle

Las personas que no pueden planear nada pueden ser frustrantes y a primera vista, alguien que parece tener el control de cada detalle de una primera cita puede ser un cambio bienvenido.

Pero preste atención a esas interacciones tempranas: ¿le permiten elegir el lugar de celebración o insisten en decidir? Cuando llegas allí, ¿te dicen: "Quieres que pida" o lo deciden juntos?

Alguien que parece querer controlar cada detalle puede ser simplemente organizado, o puede tener una personalidad controladora y narcisista. Es demasiado pronto para saberlo, pero ten curiosidad y toma nota.

2. Bombardeo de amor

Ya hemos visto esto en detalle, pero vale la pena volver a mencionarlo, ya que es un rasgo narcisista típico, y uno que puede ganarte fácilmente si no estás al tanto de ello. Si tu cita concuerda absolutamente con todo lo que dices, algo está pasando. Nadie es tan amable ni tan agradable. Aunque es halagador tener a alguien que parece estar en sintonía contigo, si empiezas a sentir que te están engañando, es probable que lo estés haciendo.

También busque fechas que empiecen a hacer demasiados planes, demasiado rápido. En una primera cita, usted debe sentir que tiene un poco de tiempo para respirar y reflexionar después, no encontrarse a sí mismo haciendo cola para otra reunión inmediatamente.

Los narcisistas son muy buenos con las personas encantadoras y luego, antes de que te des cuenta, están en tu vida, asentándose y apoderándose de tu tiempo, tu energía y tu dinero. Sea cauteloso. Si algo parece demasiado bueno para ser verdad, normalmente lo es.

3. Muchas fanfarronadas sutiles

Es un hecho interesante que aquellos que realmente tienen más que alardear - riqueza, éxito, talento, belleza - tienden a no alardear en absoluto. En cambio, buscan hacer que otros se sientan bien porque no tienen necesidad de buscar la aprobación de los demás.

Los fanfarrones son fáciles de reconocer y casi cómicos en sus esfuerzos por alardear e impresionar con su dinero, poder y éxito. Pero tenga cuidado también con los que se jactan de ser humildes y sigilosos, que poco a poco se convierten en la imagen de alguien que se siente superior a todos los demás. Estos son los narcisistas realmente hábiles, y si usted notó unos pocos demasiados fanfarroneos, usted puede estar en la compañía de uno.

4. Son groseros con el personal

La forma en que alguien trata al personal de servicio y a otros que están ahí para servir es siempre reveladora. ¿Exigen, se quejan y actúan con superioridad, o hacen bromas en su nombre o tratan de humillarlos? ¿Insisten en sentarse en un lugar en particular, o tienen algún tipo de problema con el ambiente del restaurante? Si ve a alguien haciendo estas cosas, es una gran señal de advertencia de que pronto lo tratarán de la misma manera.

Ser grosero o enojarse por las molestias cotidianas como la lentitud del servicio en un restaurante también es una señal de que pueden tener problemas con el control de la ira. Claro, todo el mundo tiene días malos y se enfada, pero si alguien parece no tener sentido de la perspectiva y no puede mantener la calma en público, es posible que tenga un problema.

Y también esté atento a cualquier cosa extraña en torno al dinero: como hemos descubierto, los narcisistas tienden a ser malos para regalar y, a menudo, son tacaños con el dinero. Las banderas rojas aquí incluyen desaparecer repentinamente en el baño cuando es hora de pagar la factura, negarse a dejar una propina u olvidar su billetera.

5. Lo que dicen que quieren y su historia no tiene sentido.

Si alguien actúa como si estuviera desesperado por establecerse, casarse y tener hijos, tenga cuidado. Nadie debería estar hablando a largo plazo en una primera cita (o en una segunda, tercera o cuarta cita...) Profundice un poco más y pregunte sobre la historia romántica reciente de alguien. ¿Tienen una serie de relaciones a corto plazo y rupturas dramáticas detrás de ellos? ¿Tienen excompañeros de los que todavía hablan mucho? Todos estos puntos pueden significar que usted está en la compañía de un narcisista que tiende a agitarse y quemarse con sus parejas románticas.

6. Te hacen revelar sus inseguridades, pero protegen las suyas.

Los narcisistas son muy buenos investigando y escarbando para encontrar tus debilidades y las cosas por las que te sientes un poco sensible. Con el tiempo, los usarán para sentirse más superiores y para pincharte cuando quieran ponerte en tu lugar.

Sin embargo, nunca los verás admitir sus propias inseguridades de ninguna manera significativa. Mientras derramas tus secretos, ellos simplemente te escucharán, sonreirán y tal vez dirán algo cortando para retorcer un poco el cuchillo.

Si sales de una cita sintiendo que has sido demasiado sincero y vulnerable, puede ser una señal de que acabas de conocer a un narcisista. Conocer gente nueva debería hacerte sentir bien, animado, animado - no debería hacerte sentir pequeño o expuesto.

7. Todo se trata de ellos.

Las mejores conversaciones son una calle de doble sentido - algunos escuchando, otros hablando, otros compartiendo risas y observaciones. Pero no así con el narcisista, que no está ahí para aprender, escuchar y disfrutar, sino para ser admirado y adulado. Si alguien habla sin parar y usted necesita desaparecer al baño solo para descansar de su charla incesante, tenga cuidado: este es su futuro.

Si cada anécdota que usted cuenta parece dar paso a una historia similar sobre algo que ellos hicieron, pero mejor aún, es otra señal de advertencia. A los narcisistas les resulta muy difícil escuchar. Por lo general, parecen distraídos, juegan con su teléfono o no te miran a los ojos. Prefieren hablar de sus propias habilidades y talentos que aprender más sobre las personas que les rodean. Si se trata de ellos, prepárese para la posibilidad de que pueda estar en compañía de un narcisista.

Otra cosa que usted puede notar es que ellos hablan muy halagadoramente de otras personas que conocen - amigos, colegas de trabajo, miembros de la familia. Te sientes cada vez más pequeño en comparación con estas maravillosas personas, y te preguntas por qué estás pasando una cita escuchando lo especial que era otra persona - ¿no debería haber algún enfoque en ti? (Respuesta: sí.)

¿Qué hacer si se da cuenta de todo esto en la primera cita?

Que se asusté. Disfrute de la noche por lo que es (¡una experiencia de aprendizaje!) y asegúrese de hacer un informe con un amigo de confianza después. ¡Descubrir a un narcisista temprano y establecer sus límites en consecuencia es una habilidad de vida útil que vale la pena conocer!

4 maneras de dejar de atraer a los narcisistas de una vez por todas

Si siente que sigue atrayendo a este tipo de persona a su vida, probablemente esté desesperado por detener el patrón. Después de todo, ¿por qué alguien querría invitar a personas tan difíciles a sus vidas?

La verdad es que el narcisista está ahí para enseñarte algo. Y hasta que lo aprendas, seguirán volviendo. Véalas como una herramienta de enseñanza y de repente son mucho más fáciles de tratar. Pero ¿para qué están ahí para enseñar?

Esencialmente, son las personas complacientes las que parecen atraer a los narcisistas. Los tipos dóciles y fáciles son sus presas preferidas. Si es usted, hay formas de cambiar esta dinámica

1. **No ponga tantas excusas para que la gente**

Si alguien se comporta mal, está equivocado. Punto final. No importa cuán dura fue su infancia, cuán estresante es su trabajo - no hay excusa para el comportamiento abusivo. No lo disculpe. No se compadezca. No eres su médico y no eres su saco de boxeo. No es su problema y no puede arreglar a nadie más que a usted mismo.

Sí, es difícil alejarse de la gente. Es difícil aceptar que no puedes arreglar a alguien, incluso si te preocupas por él. Es difícil cuando se sabe lo indulgente que eres, lo amable y lo buena que sería la relación, si tan solo no fueran tan desagradables. Pero necesita ponerte a usted mismo y a su propia seguridad física y emocional primero.

Si alguien abusa de usted, aléjese. Realmente es la clave para una vida feliz y segura, y usted se lo merece.

2. **Descubra las banderas rojas y confíe en sus instintos**

Hemos cubierto las banderas rojas en detalle, y ahora usted está bien armado con una lista de control de señales a las que debe estar atento.

Tome nota de ellos, confíe en sus instintos, y si siente que no está a salvo, retroceda. Resista la tentación de permanecer en una situación que lo incomoda porque no quiere ser grosero o causar problemas.

No tienes que decirle a la persona por qué ya no estás disponible - de hecho, con un narcisista, es mejor que no lo hagas, ya que a ellos les encantan las confrontaciones y los enfrentamientos. Simplemente retrocedan, desconéctense y dejen en claro que su tiempo y energía están siendo absorbidos en otra parte.

3. No se dejes dominar

Algo en lo que los narcisistas son muy buenos es en desgastar a sus víctimas. Esto puede ser con largas y agotadoras conversaciones de las que literalmente no puedes escapar. Puede ser despertándolo temprano o manteniéndolo despierto hasta tarde en la noche para que se sienta cansado y menos capaz de tomar decisiones claras. Puede ser manteniéndolo bajo escrutinio, observando lo que hace, haciendo muchas preguntas y haciendo muchos comentarios para que se sienta cohibido y enfocado.

Tenga en cuenta esta tendencia, y si siente que se está hundiendo, encuentre la manera de liberarse. Cuelgue el teléfono, vaya a la cama temprano, vaya a casa. Tómese un tiempo y espacio para revitalizarse (nadar, hacer ejercicio, meditar o caminar) y luego lidiar con ellos. Si un narcisista sabe que tiene límites claros en torno a su tiempo y energía, pasará a otra persona.

Si se trata de una relación buena y saludable, no les importará que tome las cosas con calma.

4. Busque ayuda de un terapeuta capacitado

Si te encuentras involucrado en estas relaciones una y otra vez, puede ser que necesites desentrañar las razones más profundas con la ayuda de un terapeuta experto. Esto tomará tiempo y dinero, pero puede ser la mejor inversión que haya hecho en sí mismo y en su futuro.

9 poderosos consejos para desarrollar un amor propio inquebrantable

Una manera probada y comprobada de protegerse de los narcisistas es desarrollar el amor propio. No se trata de ser egoísta o narcisista usted mismo; se trata de cuidarte de la misma manera que lo harías con un buen amigo o un niño pequeño. Aquí, he reunido algunas técnicas e ideas simples para realmente trabajar en tu amor propio.

Esto es algo que un narcisista no puede quitarte, y que lo mantendrá a salvo en el futuro.

1. Empiece cada día estableciendo intenciones conscientes

Establecer la intención es esencialmente decirte a ti mismo que eres digno de cuidado y amor. Comienza cada día con unos momentos de respiración atenta y establece tu intención para el día, que puede ser algo tan simple como "Hoy voy a cuidarme y mostrarme amor en todo lo que hago porque lo merezco".

Puede sonar extraño, pero diga esto - o cree un mensaje o mantra personal que funcione para usted - y verá los beneficios.

Esencialmente, un mantra o intención amorosa envía una señal a tu subconsciente de que eres digno de amor y cuidado que lenta pero seguramente desafía todos esos mensajes negativos que te fueron dados por el narcisista.

2. Dese el gusto de ser un amigo o un niño pequeño

Si se sientes mal consigo mismo y no puede deshacerse de los sentimientos de baja autoestima, piense en usted mismo como en otra persona, tal vez un buen amigo o un niño pequeño. ¿Qué harías para que se sienta mejor? ¿Qué aconsejaría usted? Si fueras un amigo sabio y compasivo, ¿qué te dirías para sentirte mejor? Si estuvieras cuidando a una niña pequeña, ¿le darías una buena comida, le darías un baño caliente y le darías una historia reconfortante en la cama?

Escribir una carta para usted mismo es otra manera poderosa de aprovechar su sabiduría y bondad interior. Escribe todo lo que te dirías a ti mismo y cuando lo leas más tarde, te sorprenderás de lo poderosas que pueden ser tus palabras. Guarde sus cartas y léalas cuando necesite claridad o un poco de apoyo.

3. Reconozca sus sentimientos

Algo, simplemente nombrar tus sentimientos - *me siento triste*, o me *arrepiento* - puede ser una manera de moverme a través de ellos. Somos muy buenos escapando de nuestros sentimientos de todas las maneras: adormeciéndonos en los medios sociales, el alcohol, las compras, comer en exceso.

Pero a veces la mejor manera de integrarse y aprender es tomarse el tiempo para sentirlos realmente - sentarse con ellos, dar un largo paseo o nadar, o escribirlos. En vez de tratar siempre de escapar, hazte amigo de tus sentimientos y pronto descubrirás que son simplemente sentimientos, no una realidad concreta y fija, y pasarán.

4. Regálese de forma saludable

La vida está aquí para ser disfrutada y saboreada. Si se ha encontrado en una relación con un narcisista, es posible que lo haya olvidado. Es posible que se sienta agotado, desanimado y pequeño.

Recupere el control y trátese con actos de bondad y positividad, como lo haría con alguien que se está recuperando de una enfermedad o accidente. ¿Cuáles son sus formas favoritas de relajarse: una película divertida, unas vacaciones, su comida casera favorita frente al televisor, ¿un baño caliente o un largo baño o una caminata en el bosque?

Para variar, haga todas esas cosas que lo hacen sentir bien y deje tiempo para hacerlas regularmente.

5. Medite

Los beneficios de la meditación son ahora bien conocidos, y la meditación regular es una forma segura de aumentar los sentimientos de calma, felicidad y control. Gracias a Internet, es fácil meditar - solo hay que buscar meditaciones guiadas en línea, encontrar un espacio tranquilo para sentarse o tumbarse, y darse diez minutos o más para meditar - pronto notará los beneficios de una mayor claridad y alegría.

6. Sienta gratitud

Es fácil ser castigado por todo lo que sale mal, especialmente si tienes un narcisista en tu vida que te recuerda todos tus defectos y fracasos. Pero la investigación muestra consistentemente que son los sentimientos de gratitud, no el dinero, la riqueza o el éxito, los que conducen a una buena autoestima.

Tómese un momento en el que recuerde pensar en todo en su vida por lo que se siente agradecido: sus amigos, su salud, todo lo que salió bien ese día, desde una pequeña conversación hasta un momento tranquilo para leer un buen libro. Sentir gratitud por los pequeños placeres de la vida es la verdadera clave de la felicidad.

7. Cuide su cuerpo

Si bien centrarse en la meditación y el diálogo personal saludable se encargará de su mente, no se olvide de su cuerpo. Comer bien, beber mucha agua, dormir lo suficiente y hacer ejercicio con regularidad, incluso si se trata de una caminata suave o de un video de entrenamiento de diez minutos o de bailar alrededor de la casa, son esenciales para la felicidad.

Es tan fácil hoy en día vivir en nuestras cabezas - en línea o perdido en pensamientos - mientras que nuestros cuerpos están descuidados. Pero si usted está saliendo de una mala relación, cuidar de su ser físico es tan importante como su bienestar emocional. Y, de hecho, cuando tu cabeza es un desastre, a veces es una buena idea volver a lo básico - comida, agua, ejercicio, sueño - como una forma de reconstruir tu bienestar.

8. Devuelva con gratitud

Lo que la gente egoísta no se da cuenta es que dar a otros puede recompensar tanto al que da como al que recibe. Tomarse el tiempo para ofrecer amabilidad a los demás es una manera de cuidarse a sí mismo - ser voluntario, pasar algún tiempo jugando con un niño, recaudar dinero para una buena causa, o ayudar a un amigo. Sentirá que su propia felicidad se eleva junto con aquellos a los que está ayudando.

9. Planifique para el futuro

Una vez que se haya ocupado del momento presente, dedique algún tiempo a hacer su futuro más brillante. ¿Qué puedes hacer hoy que te haga sentir mejor dentro de un año? Piensa en lo que te gustaría hacer y dónde te gustaría estar y aplica la ingeniería inversa al proceso pensando en lo que puedes hacer ahora para llegar allí.

Tal vez usted necesita hacer un poco más de formación o buscar algún trabajo independiente para financiar unas vacaciones de ensueño. Tal vez quieras estar más sano y en forma, así que hoy necesitas esforzarte para salir a correr. Tal vez quieras escribir un libro, así que hoy dedicas una hora a escribir 500 palabras.

Mantener una lista de lo que quieres que sea tu vida te guiará en tus elecciones diarias y te mantendrá enfocado en tu felicidad y tus metas en la vida.

Capítulo 7 - Amar de nuevo

Así que ha comenzado a recuperarse de su relación con un narcisista y está listo para seguir adelante. ¿O es usted? En este capítulo, analizaremos el tema de las citas y cómo evitar que vuelvas a cometer los mismos errores con tu nueva pareja.

También cubriremos algunos cambios de actitud que usted necesita hacer para que pueda disfrutar de mejores relaciones. Hemos cubierto las banderas rojas que hay que tener en cuenta y en este capítulo iremos un paso más allá y analizaremos las primeras señales que muestran que ha encontrado un buen socio. Finalmente, cubriremos los buenos hábitos para que una nueva relación tenga un comienzo saludable.

Se pueden establecer los términos de una relación de ordenación hasta cierto punto, y el inicio es el mejor momento para hacerlo. Idealmente, usted habrá pasado algún tiempo pensando en las relaciones y sus propios patrones, y se sentirá fresco y energizado y listo para aventurarse en el mundo de las citas de nuevo.

¿Qué puede hacer para asegurarse de que sus nuevas relaciones tengan el mejor comienzo? Mucho, por casualidad. Pero, antes que nada, veamos algunas cosas que usted definitivamente debe evitar.

7 errores que se deben evitar cuando empiezas a salir con alguien de nuevo

Si usted ha estado en una relación con un narcisista, es posible que aún tenga creencias poco útiles acerca de lo que su pareja debe decir y hacer. Su juicio puede verse distorsionado por pasar tiempo con las personas equivocadas. También puede sentir que su confianza ha recibido un golpe. En primer lugar, no hay necesidad de apresurarse a volver a salir con alguien.

Date todo el tiempo que necesites para recuperarte, usando alguna o todas las ideas que mencioné en el capítulo anterior. Tenga siempre en cuenta que tendrá que andar con cuidado para evitar cometer los mismos errores de nuevo.

A continuación, se enumeran algunas trampas comunes que debes tener en cuenta cuando empieces a salir con alguien de nuevo.

1. Esconder la verdad de quién eres

En el mundo de las citas, se puede sentir que necesitamos presentarnos como un paquete brillante, con pasatiempos interesantes, un gran cuerpo, y una cara feliz y sin problemas. No caigas en esa trampa. Sé honesto acerca de quién eres con todas las personas que conoces, no sientas que tienes que complacer o impresionar, y encontrarás que las personas correctas vienen a ti.

¿Qué pasa si lees esto y piensas, pero no sé quién soy? Siéntase curioso. Conózcase y siéntase cómodo consigo mismo, ya sea por su cuenta o con la guía de un terapeuta, para que cuando salga al mundo se sienta más seguro de lo que es y menos propenso a ser perturbado por un narcisista.

2. Comenzar demasiado rápido

Como ya hemos visto, los narcisistas son expertos en moverse rápido al comienzo de una nueva relación, solo para que se desmorone con bastante rapidez una vez que el zumbido inicial desaparece. Tenga en cuenta esta tendencia cuando conozca a alguien y busque bombardeos de amor. Lo más importante, tómalo con calma. No se emborrache y vaya a casa con su cita esa primera noche, y definitivamente no comparta todos sus secretos.

Tome cualquier bombardeo de amor escandaloso o charla de compromiso con una gran pizca de sal. Si está destinado a ser así, tomarse su tiempo no hará ninguna diferencia. En este sentido, y hay que decirlo, no te acuestes con alguien en la primera cita si estás pensando que podría ser una relación a largo plazo.

3. Esperar que se comprometan exclusivamente

Como en el caso anterior, tome las cosas con calma. Las citas son para conocer gente, y no puedes esperar que alguien se comprometa contigo en una primera cita, o incluso en una segunda o tercera. Si alguien parece estar listo para barrerte y ya está hablando de una relación exclusiva después de tres horas en tu compañía, ¡no te lo creas! Alguien que cae en el encaprichamiento tan rápido es probable que caiga fuera de él tan rápido, y tú eres el que se quemará.

4. Olvidarse de divertirse

Es fácil sentir que todo está destinado a fracasar después de una mala relación. Si se siente cansado y amargado, puede ser que aún no esté listo o que no haya encontrado a la persona adecuada.

Tuvo una mala experiencia, y eso puede desanimarte del mundo de las citas de la misma manera que un ataque de intoxicación alimentaria puede desanimar a tu pareja con la comida en particular para toda la vida. Pero recuerda, las citas también pueden ser divertidas. Hay - lo crea o no - mucha gente decente, amable y cariñosa que solo quiere conocer a alguien con quien pasar el tiempo.

Tuvo mala suerte. Pero no es su destino. Con un poco de autocuidado y tiempo para reflexionar, habrás hecho un crecimiento personal importante que te ayudará cuando estés listo para intentarlo de nuevo. Trate de no tomarlo demasiado en serio y recuerde los beneficios de la atención y la gratitud a medida que avanza. La vida está ahí para ser disfrutada, de lo contrario, ¿cuál es el punto?

Una importante advertencia: si realmente no está disfrutando de la vida o se siente genuinamente ansioso y deprimido, todos los mensajes alentadores, la atención y la gratitud en el mundo podrían no ser suficientes para hacerlo sentir mejor. Siempre, siempre busque y busque ayuda si está luchando. Vaya a su médico de cabecera, habla con alguien.

5. Vea a un socio como el comienzo y el fin de todo

Puede ser perfectamente feliz soltero. Curiosamente, para muchas personas, es solo cuando son verdaderamente felices por su cuenta y no buscan conocer a nadie que realmente encuentran a alguien con quien comprometerse.

Si usted siente que encontrar a alguien es una prioridad urgente en su vida, necesita dar un paso atrás un poco. Encuentre maneras de disfrutar el tiempo por su cuenta. Pasa un día entero solo haciendo las cosas que disfrutas, hazte amigo de ti mismo y date la clase de compañía que disfrutarías de otra persona.

Si realmente sientes que encontrar a alguien es una cuestión de urgencia, solo harás las cosas más difíciles para ti mismo. Las nuevas relaciones prosperan mejor en una atmósfera de facilidad y diversión sin prisas.

6. No mantenga la mente abierta

Si tiene una idea de cómo debería ser su nuevo socio y está absolutamente establecido, tendrá problemas. Ese compañero ideal podría no existir. O el compañero ideal para ti podría no ser nada como el que tienes en la cabeza. Mi consejo es mantener una mente abierta en general, no solo con las citas. Sea flexible y pruebe nuevas experiencias (siempre manteniendo límites seguros y cuidándose).

7. No confié en sus instintos

Esto es probablemente lo más importante que puedes hacer para evitar repetir el mismo error con una relación. Claro, puede que le guste alguien. Pueden ser atractivos, divertidos, encantadores y parecen estar muy interesados en usted. Todo se ve maravilloso en la superficie como dicen y hacen todas las cosas correctas.

Pero ¿cómo se siente?

Como humanos, estamos conectados para captar todo tipo de señales no verbales cuando interactuamos con otros para saber si son seguros o no. No nos damos cuenta de ellos muchas veces, por lo que podemos adquirir el hábito de anular o ignorar estos mensajes de nuestro inconsciente si no encajan con lo que creemos que queremos: una relación, alguien con quien salir, el matrimonio, los bebés....
Pero escuchar y confiar en tus instintos - y luego responder a lo que te dice - es una de las cosas más inteligentes que puedes hacer por tu seguridad física y emocional.

Puede significar ser grosero y dejar una cita o no ir a casa con alguien que es increíblemente encantador y persuasivo. Puede significar que te digan que eres grosero o difícil.

No se preocupe. Si está con alguien, y su intestino se siente tenso, o siente una sensación general de inquietud que no puede sacudirse, cree esos mensajes y salga tan rápido como pueda.

Si hay un mensaje que espero que saquen de este libro, es este: *siempre confíe en su instinto.*

5 primeros signos de que finalmente ha encontrado un buen socio

Ahora que hemos descubierto lo que no debemos hacer cuando volvamos a salir, pasemos a lo bueno: encontrar a alguien que vaya a hacer de tu mundo un lugar más feliz, no darle la vuelta. Hay muchas señales que usted puede observar que le mostrarán que está en el camino correcto con una nueva pareja.

Aquí hay algunas cosas que debes tener en cuenta cuando empieces a salir con alguien que te indique que has encontrado a alguien con quien eres compatible.

1. **Se siente físicamente a gusto en su presencia**
Si está con alguien que es bueno para usted, que no le va a hacer daño, probablemente tendrá una sensación cálida y fácil. La conversación fluirá suavemente la mayor parte del tiempo. No te encontrarás preocupándote por lo que has dicho o hecho, y estarás disfrutando.

Se sentirá físicamente seguro, cómodo y relajado. Busque esos sentimientos cuando empiece a salir con alguien y cree en ellos, incluso si la persona no es necesariamente la pareja de sus sueños en todos los sentidos - a veces sucede de esa manera.

2. Comparten intereses y preocupaciones comunes

No importa lo atractivo o encantador que sea alguien, en una relación a largo plazo, tiene que haber algo más que química. Si sientes que compartes intereses y pasiones similares, es una gran señal de compatibilidad. Esto no significa que alguien esté de acuerdo con todo lo que usted dice. Se trata más bien de sondear tu visión del mundo y saber con bastante rapidez que la otra persona está en la misma página.

Esto no quiere decir que deba ser compatible en todos los sentidos. De hecho, es genial tener algunas áreas donde no tienes absolutamente nada en común. Alguien con diferentes intereses puede enseñarte cosas que nunca te habían parecido interesantes. Por otro lado, tener intereses que su pareja no comparte le da una sensación de espacio y le permite mantener una identidad separada.

Tenga en cuenta que es bueno disfrutar el tiempo libre de la misma manera. Si a usted le encanta viajar y su posible pareja no tiene pasaporte, es posible que no haya una relación de por vida en las tarjetas. Si están inmensamente invertidos en un pasatiempo - ciclismo, juegos de azar, correr - que no le interesa en absoluto, es posible que tenga que manejar sus expectativas sobre su disponibilidad.

Pero si usted encuentra que disfruta al menos de algunas de las mismas cosas - incluso si es tan simple como acurrucarse en el sofá viendo películas viejas - entonces lo más probable es que usted disfrute de la compañía del otro.

3. Aparecen cuando dicen que lo harán

Los narcisistas son muy buenos para llegar tarde, creando drama con cancelaciones de última hora y decepciones. Hacen mucho escándalo por el simple hecho de honrarte con su presencia. No es de extrañar que estar cerca de ellos pueda resultar agitado y estresante.

¿Cómo es la experiencia opuesta? Si alguien llega a tiempo, se ve amigable y relajado, y se divierten juntos - hablando, charlando, caminando, viendo una película o simplemente tomando un café juntos - puede empezar a bajar la guardia y relajarse.

Cuando empiece a ver a alguien, debería sentirse como si estuviera conociendo a un amigo o colega de trabajo más que una escena sacada directamente de una película de Hollywood. Debe sentirse relajado, fácil, divertido. Usted debe sentirse curioso y animado, no abrumado o inundado con emociones y química. Debería haber algo de química, sí, pero no debería parecer demasiado urgente o exagerado.

4. Son amables y están interesados en usted

¿Recuerda cuando vimos refuerzos intermitentes? Lo contrario de esto es la consistencia. Si alguien es bueno con usted, pero solo a veces, mi consejo es que se retire. Pero si alguien es siempre agradable y amable -no exagerado, solo decente-, es muy posible que se encuentre en presencia de un portero.

No pierda el tiempo con alguien que solo está disponible de vez en cuando, o que te da solo las migajas de su atención. Generalmente, si le gustas a alguien, **lo sabes**. No es un misterio. Si te encuentras preguntándote dónde estás con alguien, es probable que no seas su principal prioridad.

5. Comparten estilos de vida similares

El sueño, la comida, el ejercicio, los niveles de orden y los hábitos diarios como la lectura o el ejercicio - todas estas cosas mundanas conforman la forma en que vives tu vida. Si ven alguna compatibilidad en las cosas pequeñas, entonces es una muy buena señal para su futuro juntos. Si entras en la casa de alguien y te gusta cómo se ve y se siente (en lugar de sentirte impresionado, asombrado o simplemente un poco perplejo), debes confiar en ese sentimiento. Una relación a largo plazo no se trata de pasión y química alucinantes. Se trata de disfrutar de su vida diaria juntos, y sus hábitos diarios son una gran parte de esto.

En esta nota, si desea facilitarle la vida, preste atención a cómo alguien se presenta a sí mismo y a su espacio vital. Si parecen descuidados o caóticos, eso debería darte una pausa. Y si esa persona depende del alcohol u otras sustancias, tenga en cuenta que es posible que no tenga los recursos para ser una buena pareja

8 grandes hábitos para comenzar su nueva relación de la manera correcta

1. Lento y constante

Reténgase cuando conozca a alguien nuevo. Recuerda, si es a ellos a quienes tienes todo el tiempo del mundo para disfrutar de ese hecho. Si no lo son, deberías disfrutar de la relación por lo que es, pero también protegerte para que no tengas que curarte y recuperarte de una relación desastrosa.

2. Trátelos como le gustaría ser tratado

Establezca el tono para la relación que le gustaría tener con alguien al ser esa persona usted mismo. Se amable. Llegar a tiempo. Comunícate tan claramente como puedas. Una nueva relación es un nuevo comienzo, y puede guiarla en la dirección correcta siendo respetuosa y positiva.

Incluso cuando surjan discusiones, y lo harán, recuerde que tiene algo especial entre usted y que debe ocuparse de eso, incluso si tiene un desacuerdo temporal. Es posible pelear con alguien sin dejar de ser respetuoso y sin hacer daño permanente al vínculo entre ustedes.

Si está destinado a ser, usted habrá sentado las bases para una relación rica y amorosa al tratar a su pareja como a usted le gustaría ser tratado.

3. Enfóquese en la otra persona

Construir una relación fuerte requiere tiempo y esfuerzo. A menudo es el resultado de muchas interacciones diarias, y aprender a enfocarse en alguien y responder a él es una habilidad útil para cualquier relación, no solo romántica.

Para hacer esto, en primer lugar, elimine las distracciones. Dedique tiempo a pasar tiempo con su pareja, apague las pantallas, escuche y concéntrese. Incluso si está ocupado y corriendo en direcciones separadas, el contacto visual y el afecto pueden ser de gran ayuda para mantener una conexión saludable y amorosa en el futuro.

4. Cuídese

Solo porque haya conocido a alguien nuevo, esto no te da una excusa para detener sus esfuerzos por sanar de su experiencia con un narcisista. Siga haciendo todas esas cosas que hizo para recuperarse: hablar con un terapeuta, cuidar su bienestar físico y mental, llevar un diario y pasar tiempo solo para descansar y recargarse. Tomarse un tiempo para reflexionar sobre a dónde va la relación y cómo se siente es otra manera de cuidarse a medida que avanza.

Incluso en los primeros días, acostúmbrese a reservar un poco de espacio personal, incluso si tiene ganas de estar con ellos todo el tiempo. Deles tiempo para extrañarlo y sienta curiosidad por lo que ha estado haciendo. Es importante darse tiempo para disfrutar de su propia compañía.

5. No hable del pasado

Pase lo que pase con el narcisista, no se detenga demasiado si lo hace sentir mal. Por supuesto, usted necesita pasar algún tiempo en ello, ya sea solo o con un terapeuta, pero no vive allí. Cuando se encuentre reflexionando o preguntándose cómo va el narcisista, vuelve firmemente al presente con autocuidado o distracción.

En este sentido, no asuma que todos sus futuros socios lo van a defraudar. Si ha trabajado un poco en usted y ha reflexionado sobre lo que puede haberlo llevado a su compañero narcisista, debería ser capaz de evitar llevar este equipaje a su nueva relación. Ofrezca una oportunidad a esta nueva persona.

6. Recuerde cuán lejos has llegado

Si ha tenido una relación con un narcisista, ha pasado por una gran experiencia. Siempre recuerde el hecho de que se escapó de esa situación, que ahora está a salvo, y que tiene mucho por lo que esperar.

Si se encuentras arrepintiéndose del tiempo que paso con ellos, recuérdese que tiene todo un futuro por delante que ellos ya no tienen el poder de arruinar. Estás a salvo. Mereces ser feliz.

7. **No hable mal de la relación con los demás.**

8. Si está comenzando con alguien, a veces es una buena idea dejar que crezca en su propio tiempo y en privado, antes de comenzar a hablar demasiado de eso con los demás. Es natural querer compartir su nueva relación con amigos, pero tenga en cuenta cuánto comparte. Intenta mantener algunas cosas privadas. Hay un par de razones para ello.

Primero, dejar que otros entren a tu nuevo mundo con esta persona demasiado rápido, particularmente si te prefieren soltero, puede tener un impacto negativo en la nueva relación. En segundo lugar, hablar de la relación en detalle con los demás tiene una forma de quitarle energía a su crecimiento y abrir el nuevo vínculo que has formado con la influencia de otros, que pueden no tener tus mejores intereses en el corazón.

Si no estás seguro de cómo te va, pero generalmente te sientes bien, habla con tu nueva pareja, con tu diario o con tu terapeuta. Y si de repente te sientes molesto, no te apresures a hablar mal de tu nueva pareja con tus amigos. Una nueva relación es algo frágil, como una plántula o un bebé diminuto, y usted necesita tratarla y cuidarla a medida que se hace más fuerte.

9. **Ríanse juntos**

Compartir el humor es una de las mejores maneras de aliviar el estrés y establecer vínculos con su pareja. Y es lo que hace que estar en una relación con alguien sea tan divertido. Así que no olviden reírse, disfrutar de la compañía del otro y ser tontos juntos.

Una última palabra sobre cómo encontrar un nuevo amor.

A medida que se aleja del narcisista, recuerde ser positivo y esperanzado para el futuro, pero también realista.

Desafortunadamente, hay algunas personas por ahí de las que necesita alejarse para su propio bienestar y felicidad. Pero también hay muchos otros que enriquecerán tu vida. En última instancia, se trata de encontrar ese punto dulce entre mantenerse a salvo y confiar en aquellos con los que se encuentra para hacer lo correcto por usted.

Si la relación que ha tenido con un narcisista es buena para algo, es que ha aprendido a cuidarse a sí mismo de muchas maneras nuevas. ¡Cree en tus nuevas ideas, sal y diviértete!

Conclusión

Con suerte, en este libro, usted ha descubierto más sobre sí mismo y sobre otras personas. Use este conocimiento para disfrutar de relaciones saludables, satisfactorias y alegres. Hemos estado en un viaje juntos, y mi deseo sincero es que te sientas energizado, educado y listo para enfrentar el futuro.

Tomemos un momento para repasar los puntos clave de este libro.

En primer lugar, analizamos las razones para recogerlo: sospechas que puedes estar en una relación con un narcisista y quieres saber más. O has salido de una mala relación y ahora te preguntas - ¿qué pasó? También puede evitar cometer los mismos errores de nuevo o impedir que otros lo hagan.

Creo firmemente que deberías conocer a tu enemigo. Y conocer al narcisista y lo que lo hace funcionar es una herramienta que te ayudará a salir adelante a medida que avanzas en la vida.

También observamos los rasgos clave de los narcisistas que los hacen tan fáciles de detectar: principalmente, un sentido grandioso de sí mismo, una creencia inquebrantable de que son especiales y tienen un talento único. También tienen una habilidad desvergonzada para explotar a la gente, abusar de los demás y ponerse a sí mismos en primer lugar.

También analizamos lo que hace que alguien sea un narcisista y cómo una infancia que combina el deterioro excesivo con períodos de abandono es a menudo lo que siembra las semillas de un trastorno narcisista de la personalidad. Vimos que a pesar de la forma fuerte y abrumadora en que se presentan, en realidad es muy solitario dentro de la cabeza del narcisista, y no son tan poderosos como necesitan que uno piense que lo son.

Descubrimos las principales señales de alerta de los narcisistas, y algunas de sus tácticas más comunes, incluyendo la iluminación con gas, los bombardeos amorosos, los refuerzos intermitentes y la rabia narcisista. Las tácticas manipuladoras de los narcisistas pueden ser bastante perturbadoras para aquellos que están acostumbrados a una comunicación más directa, pero una vez que las conocen y entienden, están mejor equipados para lidiar con ellas. Y lo más importante, ha dejado de preguntarse si todo está en su cabeza.

Ahora usted sabe muchas de las frases reveladoras que los narcisistas usan y lo que los desencadena. Puede identificar los tipos de personas que le atraen, generalmente almas amables y empáticas que tienden a dar a otros el beneficio de la duda. También estudiamos cómo evitar provocar al narcisista y sentir toda la furia de uno de sus ataques.

En pocas palabras, no puede razonar con un narcisista y no puede esperar las mismas respuestas razonables de ellos que las que recibirías de otros. Estar cerca de un narcisista no es como estar cerca de la mayoría de la gente - en lo que necesita concentrarse es en protegerte a usted mismo, y también en manejarlos para que puedan mantenerse bajo control.

Un punto importante que tocamos aquí es que el narcisista no puede cambiar. No hay nada que puedas hacer para mejorar su comportamiento, y aceptar esto y seguir adelante lo mejor que puedas es la única respuesta sensata.

Luego pasamos a la forma en que esto afecta a sus víctimas. Analizamos el daño que puede hacerte, y por qué debes irte o desconectarte por tu propio bien. Los narcisistas son muy buenos manipulando a sus víctimas, agarrándose fuertemente cuando muestran signos de irse y haciendo una ruptura limpia lo más difícil posible.

Pero una vez que esté consciente de esto, y pueda tener en cuenta su propia salud mental y bienestar en el futuro, encontrará dentro de sí mismo el poder de cortar el cordón para siempre. Lo triste aquí es aceptar que el narcisista no es realmente capaz de amar o de tener relaciones afectuosas, y tienes que renunciar a la esperanza de que alguna vez recibirás lo que necesitas de ellos.

La segunda parte del libro fue más activa y requirió más aportes de ustedes, con muchas técnicas y estrategias para avanzar en su nueva vida, libre de esta personalidad problemática.

Estudiamos cómo salir, y el método de Gray Rock como una forma de hacer que el narcisista pierda interés en usted.

Luego buscamos la sanación - cómo volver a ser neutral después de esta experiencia perturbadora, y desde allí, cómo revitalizarse y avanzar con valentía, fuerte autoestima y esperanza.

Descubrió todo tipo de formas de hacerse más fuerte y saludable, para que el narcisista no pueda encontrar una forma de volver a entrar. Las opciones de salud mental incluyen la terapia, la meditación, el amor propio, los mantras y el diario. Usted puede fortalecerse físicamente con comida, sueño y ejercicio. Hay muchas maneras de sanarse a sí mismo, y espero que encuentren las que funcionen para ustedes y disfruten de los numerosos beneficios.

Finalmente, buscamos romper el ciclo para que no vuelvas a encontrarte en esta situación. Cubrimos lo que hay que buscar en una relación, las señales de alerta temprana y las señales de que se está en el camino correcto hacia un futuro más saludable y satisfactorio.

Merece ser tratado bien, merece una relación amorosa, y honestamente creo que, si hace el trabajo de crecimiento y se cuidas a sí mismo, puede encontrarlo. A veces, un libro no es suficiente y también se necesita una guía de la vida real: Espero que tenga los recursos y el coraje para explorar más a fondo con un terapeuta entrenado y compatible, si lo necesitas.

Espero que hayan disfrutado del viaje y lo hayan encontrado útil. Los narcisistas son increíblemente frustrantes de tratar, y pueden hacer mucho daño. Ojalá no fuera así, pero lo más probable es que, aunque nunca tengas una relación estrecha con uno, te los encuentres en tu vida, en tu trabajo y en tus relaciones cotidianas con el mundo.

A veces, no puedes simplemente ignorarlos. Son ampliamente reconocidos por los psicólogos como algunas de las personas más difíciles de tratar, por lo que tomarse el tiempo para leer sobre ellos y aprender más es un buen uso de su tiempo y energía. La naturaleza humana es fascinante, e incluso puedes llegar a un punto en el que simplemente pueda disfrutar de las peculiaridades de un narcisista en su familia o en su vida laboral sin ser demasiado afectado por ellas.

Ahora tiene un montón de estrategias efectivas para lidiar con los narcisistas que puedes poner en práctica y usar tantas veces como necesites (¡esperamos que no, pero no puedes garantizarlo!) Sabe cómo cuidarse, cómo dar marcha atrás, y cómo formar relaciones más saludables y satisfactorias con aquellos que apreciarán su presencia, tiempo y energía. Sabes que incluso si los narcisistas te dificultan irte, aún tienes derecho a hacerlo.

Relaciones narcisistas

Si hay algo que me gustaría que le quitaras a este libro, es **confiar en sus instintos y hacer lo que sea necesario para mantenerse seguro y feliz**. No hay necesidad de sufrir con aquellos que no son buenos para usted, y darles su tiempo y energía que podrían gastarse mejor en otro lugar.

Los narcisistas realmente son vampiros que caminan entre nosotros, alimentándose de la buena energía de otros y a gusto, explotando su bondad y generosidad. No se sienta mal por alejarse de ellos, por mucho que lloren y lloren. Diga que no, proteja sus límites, póngase como prioridad y a su propio bienestar también. Se mereces mucho más que eso de sus relaciones - y puede tenerlo.

www.ingramcontent.com/pod-product-compliance
Lightning Source LLC
Chambersburg PA
CBHW031107080526
44587CB00011B/867